DAILY PASTA

デイリーパスタ

ナカムラチズコ

成美堂出版

CONTENTS

PART 1

シンプルパスタ

PART 2

満足パスタ

肉のパスタ

魚介のパスタ

野菜のパスタ

PART 3

冷たいパスタ

Column

定番パスタ

クリーム系

トマト系

レトロ系

オイル系

この本の使い方

- フライパンは直径 26cm のフッ素樹脂加工のものを使用しています。
- 材料表に記載している小さじ 1 は 5㎖、大さじ 1 は 15㎖、1 カップは 200㎖です。
- 材料表のパスタは 2 人分 160ｇでおおむね統一していますが、具やソースによってもでき上がりの量は異なります。
  また、でき上がりの写真は、材料表の分量と異なる場合があります。
- 塩は天然塩 (パスタをゆでるときは粗塩、調味するときはサラサラタイプ)、
  しょうゆは濃口しょうゆ、砂糖は上白糖、酒は日本酒、みりんは本みりん、こしょうはひきたてのもの、
  バターは有塩バター、生クリームは動物性のものを使用しています。
- 野菜類は特に記載がない場合、皮をむく、ヘタや種、筋を取る、根元を切る、きのこは石づきを取るなどの
  下ごしらえをすませてからの手順を説明しています。

おいしいパスタ作りのポイント

気軽に作れておいしくてみんなが大好きなパスタは、簡単だけれど実は奥が深い料理。

パスタ作りにはいくつかのポイントがありますが、
いちばんのポイントはソースはフライパンやボウルで作り、パスタは鍋でゆで、
最後にタイミングよく合わせること。

ゆでる時間をレシピによってちょっと変えたり、
具の野菜を時間差でパスタと一緒にゆでたり、
ソースにゆで汁を加えたり……。
パスタのおいしさをワンランクあげるためのコツのコツも紹介します。

POINT **1**

湯と塩の分量をきちんと守る

2人分160gのパスタは
1.5ℓの湯に粗塩大さじ1を加えてゆでます。

POINT **2**

ゆで時間はレシピによって加減する

- ボウルでソースの材料を混ぜ、
  ゆでたパスタを加えるレシピは
  パスタの袋の表示時間どおりにゆでます。

- フライパンでソースを作り、
  ゆでたパスタを加えて炒める・煮るレシピは
  パスタの袋の表示時間より短くゆでます。

- ゆでたパスタを冷水で締めて
  ソースと合わせる冷製パスタは
  パスタの袋の表示時間より長くゆでます。

POINT **3**

野菜を時間差で加えて一緒にゆでる

アクが少ない野菜は、
パスタがゆで上がる少し前に鍋に加えて
一緒にゆでます。

POINT **4**

ソースにパスタのゆで汁を混ぜる

冷製以外のパスタは、
ソースにゆで汁少々を混ぜることでパスタとソースが
よくなじみ、味がからみやすくなります。

POINT **5**

ゆでる、ソースを作るを同時進行

パスタ作りに慣れてきたら、パスタをゆでながら
ソースを同時進行で作りましょう。時短になるうえ、
ベストなタイミングでパスタを仕上げられます。

パスタの種類

この本で使っているのは乾燥パスタ 10 種です。ロングパスタは種類によって
幅や食感などがかなり違うので、なるべく材料表で指定されている種類を使ってください。
ショートパスタはどれもソースがからみやすいので、材料表以外の種類を使っても OK です。

ロングパスタ

1. タリアテッレ

幅 5 〜 6mm の平らなパスタ。ソースがからみやすく、クリーム系などのこってりしたソースに向く。

2. リングイネ

「すずめの舌」という意味があり、断面が楕円形。弾力があり、魚介のソースに合わせると味がしみて美味。

3. スパゲッティ

この本で使用しているスパゲッティ（スパゲッティーニ）は太さ 1.6mm。オールマイティに使える。

4. フェデリーニ

太さ 1.4mm。ソースのからみがよく、ジェノベーゼなどオイル系や軽めのソース、冷たいパスタによく合う。

5. カッペリーニ

太さ 1mm 前後の極細のパスタ。ゆで時間が大変短く、ゆですぎに注意する。冷製パスタにもよく使う。

ショートパスタ

6. リガトーニ

筋の入った直径 9 〜 15mm の太めのマカロニ。トマト系など強い風味のソースに負けない存在感がある。

7. フジッリ（フスィリ）

らせん状にねじれた溝にソースがよくからみ、野菜との相性もよい。冷めても硬くならないのが特長。

8. ジリ

ジリの意味は「百合」。独特のもちもちした食感で、ボロネーゼやトマト系、チーズ系の濃厚なソースに合う。

9. マカロニ

直径 5mm 前後のパイプ状のパスタ。写真のように表面に筋があるタイプは、ソースとのなじみがよい。

10. ペンネ（ペンネ・リガーテ）

両端がペン先のように尖った形。弾力があって食べごたえ十分。トマト系など濃度のあるソースに向く。

PART 1

シンプルパスタ

Simple Pasta

身近な具材2種で
パパッと作れるなんて、もう文句なし。

ツナとパセリのパスタ

材料（2人分）

スパゲッティ —— 160g
ゆでるときの塩 —— 大さじ1

ツナ缶（油漬け） —— 1缶（140g）
パセリ（みじん切り） —— 1枝分
A ┌ オリーブ油 —— 大さじ1
　 │ しょうゆ —— 小さじ1
　 └ こしょう —— 少々

作り方

1　大きめのボウルにツナを缶汁ごと入れ、粗くほ
　 ぐす。

2　鍋に湯 1.5ℓ を沸かして塩を加え、パスタを袋
　 の表示時間どおりゆでてざるに上げる。

3　1にゆで汁大さじ2、パスタ、パセリ、Aを加
　 えて手早くからめ、器に盛る。

市販の炒め玉ねぎで手軽に。
アンチョビのうまみが味を深めます。

炒め玉ねぎとアンチョビのパスタ

材料（2人分）

ショートパスタ（フジッリ）—— 160g
ゆでるときの塩 —— 大さじ1
――
炒め玉ねぎ（市販）—— 150g
アンチョビ（みじん切り）
　　—— 18g（フィレ6枚分）
にんにく（みじん切り）—— 1かけ分
オリーブ油 —— 大さじ2
粗びき黒こしょう —— 少々
タイム（生）—— 3枝

作り方

1　フライパンにオリーブ油、にんにくを入れて弱めの中火にかけ、香りが立ったらアンチョビを加えて炒める。炒め玉ねぎを加えて中火にし、混ぜながら汁けが少なくなるまで煮詰める。

2　鍋に湯 1.5ℓ を沸かして塩を加え、パスタを袋の表示時間より 1 分短くゆでてざるに上げる。

3　1 に 2 のゆで汁 1/4 カップ、パスタを加えて強めの中火にし、からめながら 1 分ほど炒める。

4　器に 3 を盛って黒こしょうをふり、タイムの枝をしごいて葉を散らす。

イタリアで定番のひと皿。
シンプル・イズ・ベストの典型。

チーズと黒こしょうのパスタ

材料（2人分）

スパゲッティ ……… 160g
ゆでるときの塩 ……… 大さじ1

―――
ペコリーノチーズ（すりおろす） ……… 30g
パルメザンチーズ（すりおろす） ……… 30g
バター ……… 30g
粗びき黒こしょう ……… 小さじ1/2

作り方

1　ボウルにチーズ2種、バターを入れる。

2　鍋に湯1.5ℓを沸かして塩を加え、パスタを袋の表示時間どおりゆでて湯をきる。

3　1にパスタを加えて手早くからめ、器に盛って黒こしょうをふる。

瓶詰めのうにがまさか！
おいしいパスタになるなんて。

うにと生クリームのパスタ

材料（2人分）

スパゲッティ ……… 160g
ゆでるときの塩 ……… 大さじ1
―――
粒うに（瓶詰） ……… 40g
生クリーム ……… 大さじ5
こしょう ……… 少々

作り方

1　大きめのボウルにうに、生クリーム、こしょう
　　を入れて混ぜ合わせる。

2　鍋に湯1.5ℓを沸かして塩を加え、パスタを袋
　　の表示時間どおりゆでて湯をきる。

3　1にパスタを加えて混ぜ、器に盛る。

焼いたねぎとみその香ばしさ＋豆乳で
まろやかな味わいに。

ねぎみそ豆乳パスタ

材料（2人分）

タリアテッレ ──── 120g
ゆでるときの塩 ──── 大さじ1

────

長ねぎ（葉も使う）──── 1本
調整豆乳 ──── 1カップ
オリーブ油 ──── 大さじ1
A ┌ みそ ──── 大さじ1と1/3
　└ 酒 ──── 大さじ1

作り方

1　長ねぎは葉も合わせて斜めに7〜8mm幅に切る。

2　フライパンにオリーブ油を強めの中火で熱し、
　1を炒める。薄く色づいたらAを加えて混ぜ、
　豆乳を加えて中火で軽く煮詰める。

3　鍋に湯1.5ℓを沸かして塩を加え、パスタを袋
　の表示時間より1分短くゆでてざるに上げる。

4　2にパスタを加えて強めの中火にし、からめな
　がら1分ほど煮て、器に盛る。

赤じその風味とクリームの酸味で、
濃厚なのにさっぱり。

サワークリームと赤じそのパスタ

材料（2人分）

スパゲッティ ──── 160g
ゆでるときの塩 ──── 大さじ1

サワークリーム ──── 80g
赤じそのふりかけ ──── 小さじ2
こしょう ──── 少々

作り方

1　大きめのボウルにサワークリーム、ふりかけ、
　　こしょうを入れる。

2　鍋に湯1.5ℓを沸かして塩を加え、パスタを袋
　　の表示時間どおりゆでてざるに上げる。

3　1にゆで汁大さじ2、パスタを加えて手早くか
　　らめ、器に盛る。

memo
好みでオリーブ油を回しかけても。

塩辛を炒めるのがコツ。
うまみが増して香ばしくなります。

塩辛とレモンのパスタ

材料（2人分）

スパゲッティ ——— 160g
ゆでるときの塩 ——— 大さじ1

———

いかの塩辛 ——— 60g
にんにく（太めのせん切り）——— 1かけ分
こしょう ——— 少々
レモン汁 ——— 大さじ1/2
レモンの皮（国産・細切り）——— 適量
オリーブ油 ——— 大さじ1

作り方

1　フライパンにオリーブ油、にんにくを入れて弱めの中火にかけ、香りが立ったら塩辛を加えてさっと炒める。

2　鍋に湯1.5ℓを沸かして塩を加え、パスタを袋の表示時間どおりゆでてざるに上げる。

3　1にゆで汁大さじ2を加えて強めの中火にし、パスタ、こしょう、レモン汁を加えて手早く炒め、器に盛ってレモンの皮を散らす。

memo
レモンをゆずに替えると、また別のおいしさに。

買い置き食材で、
思いついたら深夜でも作れちゃう！

塩昆布バターパスタ

材料（2人分）

スパゲッティ ……… 160g
ゆでるときの塩 ……… 大さじ1

塩昆布 ……… 20g
バター ……… 30g
こしょう ……… 少々

作り方

1　大きめのボウルに塩昆布、バター、こしょうを入れる。

2　鍋に湯1.5ℓを沸かして塩を加え、パスタを袋の表示時間どおりゆでてざるに上げる。

3　1にゆで汁大さじ2、パスタを加えて手早くからめ、器に盛る。

漬けものとチーズのコクが重なって
大満足のおいしさ。

高菜漬けとクリームチーズのパスタ

材料（2人分）

スパゲッティ ─── 160g
ゆでるときの塩 ─── 大さじ1

高菜漬け ─── 60g
クリームチーズ ─── 40g
にんにく（みじん切り）─── 1かけ分
赤唐辛子（輪切り）─── 1本分
A ┌ しょうゆ ─── 小さじ1
　└ こしょう ─── 少々
オリーブ油 ─── 大さじ2

作り方

1　高菜漬けはさっと水洗いして水けをきり、粗み
　じん切りにする。

2　フライパンにオリーブ油、にんにくを入れて弱
　めの中火にかける。香りが立ったら、1、赤唐
　辛子を加えて中火で炒め、Aを加えて混ぜる。

3　鍋に湯1.5ℓを沸かして塩を加え、パスタを袋
　の表示時間より1分短くゆでてざるに上げる。

4　2にゆで汁1/4カップを加えて強めの中火にし、
　パスタを加えて1分ほど炒め、器に盛ってチー
　ズをちぎって散らす。

缶のオイルも使うリッチな味を、
梅干しですっきりと。

サーディンと梅干しのパスタ

材料（2人分）

ショートパスタ（ジリ）……… 160g
ゆでるときの塩 ……… 大さじ1
——
オイルサーディン ……… 1缶（100g）
梅干し ……… 2個
こしょう ……… 少々
オリーブ油 ……… 大さじ2
青じそ ……… 5枚

作り方

1　梅干しは種を除き、粗く刻む。

2　大きめのボウルにサーディンを油ごと入れ、粗くほぐす。

3　鍋に湯1.5ℓを沸かして塩を加え、パスタを袋の表示時間どおりゆでてざるに上げる。

4　2にゆで汁大さじ2、1、こしょう、オリーブ油、パスタを加えてからめ、器に盛って青じそをちぎって散らす。

パスタの熱でソースがとろりと濃厚に変わります。

カルボナーラ

材料（2人分）

タリアテッレ ……… 120g
ゆでるときの塩 ……… 大さじ1
―――
パンチェッタ（またはベーコン）……… 40g
A 卵黄 ……… 3個分
　 パルメザンチーズ（すりおろす）……… 40g
　 生クリーム ……… 大さじ2
塩 ……… 少々
オリーブ油 ……… 大さじ1/2
パルメザンチーズ（すりおろす）……… 大さじ2
粗びき黒こしょう ……… 小さじ1/2

作り方

1　パンチェッタは7〜8mm角の棒状に切る。

2　大きめのボウルでAを混ぜ合わせる。

3　フライパンにオリーブ油、パンチェッタを入れて弱めの中火にかけ、香ばしく炒める。粗熱を取り、油ごと2に加える。

4　鍋に湯1.5ℓを沸かして塩を加え、パスタを袋の表示時間どおりゆでてざるに上げる。

5　3にパスタを加え、強めの中火で手早くからめ、塩で味をととのえる。

6　器に盛り、チーズ、黒こしょうをかける。

きのこのクリームパスタ

作り方

1 マッシュルームは5mm厚さの薄切りにし、しめじ、まいたけは食べやすい大きさに裂く。

材料(2人分)

スパゲッティ ──── 160g
ゆでるときの塩 ──── 大さじ1

───────────────

マッシュルーム、しめじ、まいたけ
　　──── (合わせて)150g
ベーコン(スライス) ──── 3枚(60g)
玉ねぎ(薄切り) ──── 1/4個分
にんにく ──── 1かけ
白ワイン ──── 大さじ2
生クリーム ──── 1カップ
パルメザンチーズ(すりおろす)──── 大さじ1
塩 ──── 小さじ1/4
A [塩、こしょう ──── 各少々
オリーブ油 ──── 大さじ1

2 ベーコンは1.5cm幅に切る。にんにくは、縦半分に切って芯を除き、つぶす。

3 フライパンにオリーブ油、にんにくを入れて弱めの中火にかけ、香りが立ったらベーコンを加えて中火で炒める。にんにくを取り出し、玉ねぎ、1を加えて炒め、白ワインを加えて煮立たせる。生クリーム、塩を加えて軽く煮詰める。

4 鍋に湯1.5ℓを沸かして塩を加え、パスタを袋の表示時間どおりゆでてざるに上げる。

5 3にパスタ、チーズを加えて強めの中火でからめ、Aで味をととのえる。

殻つきのかにを焼いてソースを作ると、香ばしくて美味。

かにのトマトクリームパスタ

材料（2人分）

リングイネ ……… 160g
ゆでるときの塩 ……… 大さじ1

――

かに（ずわい、たらばなど・冷凍）……… 250g
水煮トマト（カットタイプ）……… 200g
A ［ 玉ねぎ（みじん切り）……… 1/3個分
　　 セロリ（みじん切り）……… 1/4本分
にんにく（みじん切り）……… 1かけ分
白ワイン ……… 大さじ2
B ［ 生クリーム ……… 1/2カップ
　　 洋風スープの素（顆粒）……… 小さじ1/4
C ［ 塩、こしょう ……… 各少々
オリーブ油 ……… 大さじ2
ディル ……… 適量

作り方

1 かには解凍し、大きければ食べやすい大きさに切る。

2 フライパンにオリーブ油大さじ1/2を強めの中火で熱し、かにを入れて軽く焼き色をつけ、取り出す。

3 2のフライパンにオリーブ油大さじ1と1/2、にんにくを入れて弱めの中火にかけ、香りが立ったらAを加えて透き通るまで中火で炒め、白ワインを加えて煮立たせる。

4 3に水煮トマトを加え、かき混ぜながら2分ほど煮詰める。かに、Bを加えてさっと煮る。

5 鍋に湯1.5ℓを沸かして塩を加え、パスタを袋の表示時間より1分短くゆでてざるに上げる。

6 4にゆで汁1/2カップを加えて強めの中火にし、パスタを加えてソースをからめながら1分ほど煮て、Cで味をととのえる。器に盛り、ちぎったディルを散らす。

PART 2

満足パスタ

Satisfying Pasta

肉／魚介／野菜

全体にからんだコンビーフがいい仕事してます。

コンビーフとズッキーニのパスタ

材料 (2人分)

ショートパスタ(ジリ) —— 160g
ゆでるときの塩 —— 大さじ1
——
コンビーフ —— 1パック(80g)
ズッキーニ —— 1本
ミニトマト —— 6個
玉ねぎ —— 1/4個
にんにく(みじん切り) —— 1かけ分
ケッパー —— 大さじ2
白ワイン —— 大さじ2
塩 —— 適量
オリーブ油 —— 大さじ1と1/2
粗びき黒こしょう —— 少々

作り方

1 コンビーフは粗くほぐす。ズッキーニは7〜8mm厚さの半月切りにする。

2 ミニトマトは縦半分に切る。玉ねぎは横半分に切って薄切りにする。

3 フライパンにオリーブ油、にんにくを入れて弱めの中火にかけ、香りが立ったら玉ねぎを加えてしんなりするまで炒める。1、塩少々を加えて炒め合わせ、白ワインを加えて煮立たせる。

4 鍋に湯1.5ℓを沸かして塩を加え、パスタを袋の表示時間どおりゆでてざるに上げる。

5 3にゆで汁1/4カップを加えて強めの中火にし、ミニトマト、ケッパー、パスタを加えて炒め合わせ、塩で味をととのえる。

6 器に盛り、黒こしょうをふる。

手早く作れる本格カレーレシピ。
パスタによくからみます。

バターチキンカレーパスタ

材料（2人分）

ショートパスタ（フジッリ） ……… 160g
ゆでるときの塩 ……… 大さじ1

────

鶏もも肉 ……… 1枚（250g）
A ┌ プレーンヨーグルト ……… 60g
　│ おろしにんにく ……… 小さじ1/2
　│ カレー粉 ……… 大さじ1と1/2
　│ 塩 ……… 小さじ1/2
　└ こしょう ……… 少々
玉ねぎ（みじん切り） ……… 1/2個分
水煮トマト（カットタイプ） ……… 300g
B ┌ 生クリーム ……… 大さじ2
　└ バター ……… 20g
オリーブ油 ……… 大さじ1
パクチー（ざく切り） ……… 適量

作り方

1　鶏肉は小さめのひと口大に切り、Aをもみ込んで15分ほどおく。

2　フライパンにオリーブ油を強めの中火で熱し、玉ねぎを炒める。薄く色づいたら1を
　　調味料ごと加えて炒め、肉の色が変わったら水煮トマトを加え、2分ほど炒めながら
　　煮詰める。

3　鍋に湯1.5ℓを沸かして塩を加え、パスタを袋の表示時間どおりゆでてざるに上げる。

4　2にBを加えて強めの中火にし、パスタを加えてソースをからめる。器に盛り、パク
　　チーを散らす。

ボリュームはメインディッシュ級。
満足のゆくひと皿です。

鶏肉ときのこのマスタードクリームパスタ

材料（2人分）

スパゲッティ ……… 160g
ゆでるときの塩 ……… 大さじ1
——
鶏もも肉 ……… 1枚（250g）
A ［ 塩 ……… 小さじ1/4
　 こしょう ……… 少々
　しいたけ、しめじ ……… （合わせて）150g
　玉ねぎ（薄切り） ……… 1/3個分
　にんにく ……… 1かけ
　白ワイン ……… 大さじ2
B ［ 生クリーム ……… 1カップ
　 粒マスタード ……… 大さじ2
　 洋風スープの素（顆粒） ……… 小さじ1/2
C ［ 塩、こしょう ……… 各少々
　オリーブ油 ……… 大さじ2

作り方

1　鶏肉は縦半分に切り、さらに横1.5cm幅に切ってAをふる。

2　しいたけは5〜6mm厚さに切る。しめじは小房に分ける。にんにくは縦半分に切って
　芯を取り除き、つぶす。

3　フライパンにオリーブ油、にんにくを入れて弱めの中火にかけ、香りが立ったらにん
　にくを取り出す。強めの中火にし、鶏肉を皮を下にして入れ、両面を色よく焼く。

4　3に玉ねぎを加えて炒め、しんなりしたらしいたけ、しめじを加え、薄く色づくまで
　炒める。白ワインを加えて煮立たせ、Bを加え混ぜ、軽く煮詰める。

5　鍋に湯1.5ℓを沸かして塩を加え、パスタを袋の表示時間より1分短くゆでてざるに
　上げる。

6　4にパスタを加えて強めの中火にし、ソースをからめながら1分ほど煮て、Cで味
　をととのえる。

肉も豆も野菜も入って大満足。

ベーコンとレンズ豆のパスタ

材料（2人分）

ショートパスタ（ジリ） ──── 160g
ゆでるときの塩 ──── 大さじ1
────
ベーコン（ブロック） ──── 120g
レンズ豆水煮缶 ──── 1/2缶（固形量120g）
玉ねぎ ──── 1/2個
にんじん ──── 1/2本
にんにく ──── 1かけ
白ワイン ──── 1/4カップ
ローリエ ──── 1枚
塩、こしょう ──── 各少々
オリーブ油 ──── 大さじ1
パルメザンチーズ（すりおろす） ──── 適量

作り方

1　レンズ豆はざるに入れ、さっと水洗いして水け
　　をきる。

2　ベーコンは1cm角の棒状に切る。にんにくは縦
　　半分に切って芯を除き、つぶす。

3　玉ねぎ、にんじんは1cm角に切る。

4　フライパンにオリーブ油、2を入れて中火にか
　　け、ベーコンに焼き色がつくまで炒める。3を
　　加えて炒め、白ワインを加えて煮立たせ、1、
　　ローリエを加え、軽く炒め合わせる。

5　鍋に湯1.5ℓを沸かして塩を加え、パスタを袋
　　の表示時間より2分短くゆで、ざるに上げる。

6　4にゆで汁1/2カップを加えて強めの中火にし、
　　パスタを加えてからめながら2分ほど煮る。塩、
　　こしょうで味をととのえ、器に盛ってチーズを
　　かける。

時間差でパスタと野菜を一緒にゆで、
レモン味で仕上げます。

生ハムと野菜の
レモンクリームパスタ

材料（2人分）

スパゲッティ ……… 160g
ゆでるときの塩 ……… 大さじ1

生ハム（薄切り）……… 80g
キャベツ ……… 2枚
スナップえんどう ……… 6本
A ┌ バター ……… 30g
　 └ 生クリーム ……… 1カップ
レモン汁 ……… 大さじ3
パルメザンチーズ（すりおろす）……… 適量
こしょう ……… 少々
レモンの皮（国産・すりおろす）……… 適宜

作り方

1　キャベツは4〜5cm四方に切る。スナップえんどうは筋を取り、半分に割る。

2　フライパンにAを入れて中火にかけ、2分ほど煮詰める。

3　鍋に湯1.5ℓを沸かして塩を加え、パスタを袋の表示時間どおりゆでる。ゆで上がり
　　時間の2分前になったら1を加え、一緒にゆでてざるに上げる。

4　2にゆで汁大さじ2、レモン汁を加えて強めの中火にし、チーズ30g、3、こしょ
　　うを加えてからめる。

5　器に盛って生ハムをのせ、好みでチーズとレモンの皮をかける。

粗くざっくりほぐしたひき肉と
多めのきのこで食べごたえアリ！

ざくざくボロネーゼ

材料（2人分）

タリアテッレ ──── 120g
ゆでるときの塩 ──── 大さじ1

合いびき肉 ──── 200g
A ┌ 塩 ──── 小さじ1/4
  └ こしょう ──── 少々
きのこ（まいたけ、しめじなど）
  ──── （合わせて）150g
ベーコン（みじん切り）──── 40g
玉ねぎ（みじん切り）──── 1/2個分
にんにく（みじん切り）──── 1かけ分
赤ワイン ──── 1/2カップ
B ┌ 水 ──── 1/2カップ
  │ 水煮トマト（カットタイプ）──── 200g
  │ 洋風スープの素（顆粒）──── 小さじ1/2
  │ ローリエ ──── 1枚
  └ こしょう ──── 少々
オリーブ油 ──── 大さじ1
バター ──── 20g
パルメザンチーズ（すりおろす）──── 大さじ2

作り方

1 ひき肉はほぐさずにAをふる。きのこは食べやすい大きさに裂く。

2 フライパンにオリーブ油を強めの中火で熱し、ひき肉を入れて表面を焼き固める。全体に焼き色がついたらざっとほぐして端に寄せ、ベーコンを加えて軽く炒める。玉ねぎ、にんにくを加え、玉ねぎが透き通るまで炒める。

3 2に赤ワインを加えて煮立たせ、煮汁が少なくなるまで煮詰める。きのこを加えて軽く炒めてBを加え、煮立ったら弱めの中火にして5〜6分煮詰める。

4 鍋に湯1.5ℓを沸かして塩を加え、パスタを袋の表示時間より1分短くゆでてざるに上げる。

5 3にゆで汁1/4カップを加えて強めの中火にし、パスタを加えてからめながら1分ほど煮て、バター、チーズを加えて混ぜる。

豆乳のまろやかソースに潜む、
トウバンジャンの辛み。

ピリ辛肉みそパスタ

材料（2人分）

スパゲッティ ……… 160g
ゆでるときの塩 ……… 大さじ1

——

豚ひき肉 ……… 200g
チンゲンサイ ……… 2株
A ［ しょうが（みじん切り）……… 1/2かけ分
  └ トウバンジャン ……… 小さじ1/2
調整豆乳 ……… 3/4カップ
B ［ オイスターソース ……… 大さじ1と1/2
  │ 酒 ……… 大さじ1
  │ みそ ……… 大さじ1/2
  └ こしょう ……… 少々
ごま油 ……… 大さじ1
食べるラー油（市販）……… 大さじ2

作り方

1 チンゲンサイは長さを4等分に切り、株元は6等分に切る。

2 フライパンにごま油を強めの中火で熱し、Aを炒め、ひき肉を加えてほぐしながら炒める。Bを加えて汁けがなくなるまで炒め、豆乳を加えて軽く煮詰める。

3 鍋に湯1.5ℓを沸かして塩を加え、パスタを袋の表示時間より1分短くゆでる。ゆで上がり時間の2分前になったらチンゲンサイを加え、一緒にゆでてざるに上げる。

4 2を強めの中火にかけ、3を加えてからめながら1分ほど煮る。

5 器に盛り、ラー油をかける。

本格グリーンカレー、
実はパスタにとっても合うんです。

グリーンカレーパスタ

材料（2人分）

スパゲッティ ──── 160g
ゆでるときの塩 ──── 大さじ1
──────
鶏もも肉 ──── 1枚（250g）
なす ──── 2本
ピーマン ──── 2個
バジル（葉） ──── 10〜12枚
グリーンカレーペースト（市販） ──── 20g
A ［ ココナッツミルクパウダー ──── 30g
　　 水 ──── 3/4カップ
B ［ ナンプラー ──── 大さじ1
　　 砂糖 ──── 小さじ2
C ［ 塩、こしょう ──── 各少々
　オリーブ油 ──── 大さじ1と1/2

作り方

1　鶏肉は小さめのひと口大に切る。

2　なすは縦半分に切って1cm幅の斜め切りにし、水にさらして水けをきる。ピーマンは縦半分に切ってから横に1cm幅に切る。

3　Aはよく混ぜ合わせる。

4　フライパンにオリーブ油、カレーペーストを入れて弱めの中火にかけ、1〜2分かけてよく炒める。鶏肉を加えて炒め、色が変わったら2を加えてさっと炒め合わせる。

5　4に3を加えて強火にし、煮立ったらふたをして中火で5分ほど煮て、Bで調味する。

6　鍋に湯1.5ℓを沸かして塩を加え、パスタを袋の表示時間より1分短くゆでてざるに上げる。

7　5にパスタ、ちぎったバジルの葉を加え、強めの中火でソースをからめながら1分ほど煮て、Cで味をととのえる。器に盛り、好みでバジルを飾る。

食欲をそそるこの香りに、
きっとノックダウンされます。

ポークジンジャーパスタ

材料（2人分）

スパゲッティ ──── 160g
ゆでるときの塩 ──── 大さじ1

──────

豚肩ロース肉（薄切り） ──── 200g
なす ──── 2本
小松菜 ──── 100g（2〜3株）
A ┌ おろししょうが ──── 小さじ1
　│ おろしにんにく ──── 小さじ1/2
　│ 酒 ──── 大さじ1
　│ しょうゆ ──── 大さじ1
　└ みりん ──── 大さじ1
B ┌ 塩、こしょう ──── 各少々
　　オリーブ油 ──── 大さじ2

作り方

I　豚肉は食べやすい大きさに切り、**A**をもみ込む。

2　なすは皮を縞にむいて1cm厚さの輪切りにし、水にさらして水けをきる。小松菜は4cm長さに切る。

3　フライパンにオリーブ油大さじ1と1/2を強めの中火で熱し、なすを両面色よく焼く。端に寄せてオリーブ油大さじ1/2を足し、豚肉をたれごと加えて焼く。肉に火が通ったら、なすと炒め合わせる。

4　鍋に湯1.5ℓを沸かして塩を加え、パスタを袋の表示時間どおりゆでる。ゆで上がり時間の2分前になったら小松菜を加え、一緒にゆでてざるに上げる。

5　**3**にゆで汁大さじ2を加えて強めの中火にし、**4**を加えて炒め、**B**で味をととのえる。

マーマレード、みそ、クミンの異色の組み合わせ。
これはクセになります。

豚肉のマーマレードみそパスタ

材料（2人分）

ショートパスタ（ペンネ）───── 160g
ゆでるときの塩 ──── 大さじ1

　豚バラ肉（ブロック）───── 200g
A ［ 塩、こしょう ───── 各少々
　ごぼう ───── 80g
　モロッコいんげん ───── 4本
B ［ オレンジマーマレード ───── 大さじ2
　│ みそ ───── 大さじ1と1/3
　│ 酒 ───── 大さじ1
　└ おろしにんにく ───── 小さじ1/2
　クミンシード ───── 小さじ1/3
　オリーブ油 ───── 大さじ1

作り方

1　豚肉は1cm角の棒状に切り、Aをふる。

2　ごぼうは斜め薄切りにし、水にさらして水けをきる。いんげんは斜めに1.5cm幅に切る。

3　Bはよく混ぜ合わせる。

4　フライパンにオリーブ油、クミンシードを入れて中火にかけ、香りが立ったら豚肉を
　加えて強めの中火で炒める。肉の色がほぼ変わったら、ごぼうを加えて3分ほど炒め、
　3を加えて炒める。

5　鍋に湯1.5ℓを沸かして塩を加え、パスタを袋の表示時間どおりゆでる。ゆで上がり
　時間の2分前になったらいんげんを加え、一緒にゆでてざるに上げる。

6　4にゆで汁大さじ2を加えて強めの中火にし、5を加えて炒め合わせる。

memo
器に盛ってから粗びき黒こしょうをふるのもオススメ。

缶詰のビーツで挑戦！
ボルシチのような奥深い味わいが楽しめます。

牛肉とビーツのパスタ

材料（2人分）

ショートパスタ（フジッリ）——— 160g
ゆでるときの塩 ——— 大さじ1
———
牛肉（切り落とし）——— 200g
A ┌ 塩 ——— 小さじ1/4
　└ こしょう ——— 少々
水煮ビーツ缶 ——— 1缶（固形量200g）
玉ねぎ（薄切り）——— 1/4個分
にんにく（みじん切り）——— 1かけ分
赤ワイン ——— 1/4カップ
B ┌ 水煮トマト（カットタイプ）——— 200g
　└ 洋風スープの素（顆粒）——— 小さじ1
オリーブ油 ——— 大さじ1と1/2
サワークリーム ——— 60g
ディル ——— 適量

作り方

1　牛肉は食べやすい大きさに切り、Aをふる。

2　ビーツは缶汁をきり、1cm幅に切る。缶汁 1/4
　　カップは取りおく。

3　フライパンにオリーブ油、にんにくを入れて弱
　　めの中火にかけ、香りが立ったら牛肉を加えて
　　強めの中火で炒める。肉の色がほぼ変わったら、
　　玉ねぎを加えてしんなりするまで炒め、赤ワイ
　　ンを加えて煮立たせる。

4　3に2のビーツと缶汁、Bを加え、中火で3分
　　ほど煮る。

5　鍋に湯 1.5ℓ を沸かして塩を加え、パスタを袋
　　の表示時間より1分短くゆでてざるに上げる。

6　4にゆで汁 1/4 カップを加えて強めの中火にし、
　　パスタを加えてからめながら1分ほど煮る。

7　器に盛ってサワークリームをのせ、ディルをち
　　ぎって散らす。

目玉焼きをくずしてからめると、
無敵のおいしさです。

ガパオチキン・パスタ

材料（2人分）

スパゲッティ ──── 160g
ゆでるときの塩 ──── 大さじ1
────
鶏ひき肉 ──── 200g
ピーマン ──── 2個
パプリカ（赤、黄）──── 各1/2個
玉ねぎ（薄切り）──── 1/4個分
にんにく（みじん切り）──── 1かけ分
赤唐辛子（輪切り）──── 1本分
バジル（葉）──── 10〜12枚
A ┌ ナンプラー ──── 大さじ1と1/2
　│ オイスターソース ──── 大さじ1/2
　│ 砂糖 ──── 小さじ1/2
　└ こしょう ──── 少々
オリーブ油 ──── 大さじ1と1/2
目玉焼き ──── 2個

作り方

1　ピーマンは縦半分に切り、横に7〜8mm幅に切る。パプリカも同じように切る。

2　フライパンにオリーブ油、にんにくを入れて中火にかけ、香りが立ったら赤唐辛子、ひき肉を加え、ほぐしながら炒める。肉の色が変わったら、玉ねぎを加えてしんなりするまで炒め、1を加えて炒め合わせ、Aで調味する。

3　鍋に湯1.5ℓを沸かして塩を加え、パスタを袋の表示時間どおりゆでてざるに上げる。

4　2にパスタ、バジルをちぎって加え、強めの中火で炒め合わせる。

5　器に盛って目玉焼きをのせ、好みでバジルを飾る。

温かいパスタにフレッシュなピリ辛サルサをかけて。

牛肉のさっぱりサルサパスタ

材料（2人分）

スパゲッティ ……… 160g
ゆでるときの塩 ……… 大さじ1

———

牛肉（切り落とし）……… 200g
A ┌ チリパウダー ……… 小さじ1/2
　│ 塩 ……… 小さじ1/4
　└ こしょう ……… 少々
トマト ……… 1個
ピーマン ……… 1個
玉ねぎ ……… 1/3個
にんにく（みじん切り）……… 1かけ分
B ┌ 白ワインビネガー ……… 大さじ1と1/2
　│ オリーブ油 ……… 大さじ1
　│ 塩 ……… 小さじ1/4
　└ こしょう ……… 少々
オリーブ油 ……… 大さじ1

作り方

1　牛肉は食べやすい大きさに切り、**A**をふる。

2　トマトは横半分に切って種を除き、7〜8mm角に切る。ピーマンは縦半分に切り、7〜8mm角に切る。玉ねぎは粗みじん切りにし、5分ほど水にさらして水けを絞る。

3　ボウルで**B**を混ぜ、**2**を加えて混ぜる。

4　フライパンにオリーブ油、にんにくを入れて弱めの中火にかけ、香りが立ったら牛肉を加えて強めの中火で炒める。

5　鍋に湯1.5ℓを沸かして塩を加え、パスタを袋の表示時間どおりゆでてざるに上げる。

6　**4**にゆで汁大さじ2を加えて強めの中火にし、パスタを加えて炒め合わせる。

7　器に盛り、**3**をかける。好みでさらにチリパウダーをふる。

シンプルな味つけだけに
素材の持ち味がぐっと際立ちます。

豚バラねぎ塩パスタ

材料（2人分）

スパゲッティ ……… 160g
ゆでるときの塩 ……… 大さじ1

A 豚バラ肉(薄切り) ……… 200g
　　塩 ……… 小さじ1/3
　　こしょう ……… 少々
青ねぎ(小口切り) ……… 30g
エリンギ ……… 100g
レモン汁 ……… 大さじ1
粗びき黒こしょう ……… 小さじ1/2
ごま油 ……… 大さじ1
レモン(くし形切り) ……… 2切れ

作り方

1　豚肉は6〜7cm幅に切り、Aをふる。

2　エリンギは長さを半分に切り、食べやすい大きさに裂く。

3　フライパンにごま油大さじ1/2を強めの中火で熱し、豚肉を色よく焼き、エリンギを加えて炒める。

4　鍋に湯1.5ℓを沸かして塩を加え、パスタを袋の表示時間より1分短くゆでてざるに上げる。

5　3にゆで汁1/4カップを加えて強めの中火にし、パスタ、レモン汁を加えて1分ほど炒め、黒こしょうをふって混ぜる。

6　器に盛って青ねぎをのせ、残りのごま油を回しかけ、レモンを添える。

赤唐辛子の辛みをガツンと利かせた大人のためのパスタ。

ペンネ・アラビアータ

材料（2人分）

ショートパスタ（ペンネ）……… 160g
ゆでるときの塩……… 大さじ1
──
水煮トマト（カットタイプ）……… 300g
塩……… 小さじ1/4
にんにく（みじん切り）……… 2かけ分
赤唐辛子……… 2本
こしょう……… 少々
オリーブ油……… 大さじ2

作り方

1　赤唐辛子は半分にちぎり、種を除く。

2　フライパンにオリーブ油、にんにくを入れて弱めの中火にかけ、香りが立ったら1を加えて軽く炒める。水煮トマト、塩を加え、混ぜながら中火で2分ほど煮詰める。

3　鍋に湯1.5ℓを沸かして塩を加え、パスタを袋の表示時間どおりゆでてざるに上げる。

4　2にゆで汁1/4カップを加えて強めの中火にし、パスタ、こしょうを加えてからめる。

プッタネスカ

材料（2人分）

スパゲッティ ──── 160g
ゆでるときの塩 ──── 大さじ1
────
水煮トマト（カットタイプ）──── 300g
アンチョビ（粗みじん切り）
　　──── 15g（フィレ5枚分）
A ┌ オリーブ（種抜き・グリーン、ブラック）
　│ 　──── 各4粒
　└ ケッパー ──── 大さじ1
にんにく（みじん切り）──── 1かけ分
赤唐辛子 ──── 1本
B ┌ 塩、こしょう ──── 各少々
　└ オリーブ油 ──── 大さじ2

作り方

1　赤唐辛子は半分にちぎって、種を除く。

2　フライパンにオリーブ油、にんにくを入れて弱めの中火にかけ、香りが立ったら、1、アンチョビを加えて軽く炒める。水煮トマトを加えて混ぜながら中火で2分ほど煮詰め、Aを加えて混ぜる。

3　鍋に湯1.5ℓを沸かして塩を加え、パスタを袋の表示時間どおりゆでてざるに上げる。

4　2にゆで汁1/4カップを加えて強めの中火にし、パスタを加えてからめ、Bで味をととのえる。

ペスカトーレ

材料（2人分）

リングイネ ┄┄┄┄ 160g
ゆでるときの塩 ┄┄┄┄ 大さじ1
───

水煮トマト（カットタイプ） ┄┄┄┄ 300g
いか（するめいかなど） ┄┄┄┄ 1ぱい（正味160g）
有頭えび（赤えびなど） ┄┄┄┄ 4尾
あさり（砂抜きしたもの） ┄┄┄┄ 100g
玉ねぎ（みじん切り） ┄┄┄┄ 1/4個分
にんにく（みじん切り） ┄┄┄┄ 1かけ分
赤唐辛子 ┄┄┄┄ 1本
A ┌ 水 ┄┄┄┄ 大さじ2
　└ 白ワイン ┄┄┄┄ 大さじ1
塩 ┄┄┄┄ 適量
こしょう ┄┄┄┄ 少々
オリーブ油 ┄┄┄┄ 大さじ3
イタリアンパセリ（粗みじん切り） ┄┄┄┄ 適量

作り方

1　いかは内臓と軟骨などを取り除き、水洗いしてキッチンペーパーで水けを押さえる。胴は1.5cm幅に切り、足は2〜3本ずつ切り分ける。えびはヒゲを切り、頭と尾1節を残して殻をむき、背に切り目を入れて背ワタを除く。

2　あさりは殻をこすり合わせて洗う。赤唐辛子は半分にちぎり、種を除く。

3　フライパンにオリーブ油大さじ1を強めの中火で熱し、いかとえびを入れて香ばしく焼き、取り出す。次にあさりとAを加えてふたをし、強めの中火で蒸し煮にする。殻が開いたら、あさりを煮汁ごと取り出し、ラップをかけておく。

4　3のフライパンにオリーブ油大さじ2、にんにくを入れて弱めの中火にかけ、香りが立ったら赤唐辛子、玉ねぎを加えて中火で炒める。水煮トマト、塩小さじ1/4を加え、混ぜながら2分ほど煮詰め、いかとえびを戻し入れて軽く煮る。

5　鍋に湯1.5ℓを沸かして塩を加え、パスタを袋の表示時間より1分短くゆでてざるに上げる。

6　4にゆで汁1/2カップ、3のあさりを煮汁ごと加えて強めの中火にし、パスタを加えてからめながら1分ほど煮る。塩少々、こしょうで味をととのえ、器に盛ってイタリアンパセリを散らす。

黒の中に黒！ ひじきが入ったひと味違ういか墨パスタ。

いか墨パスタ

材料（2人分）

スパゲッティ ……… 160g
ゆでるときの塩 ……… 大さじ1

いか（するめいかなど）
　　……… 1ぱい（正味160g）
芽ひじき（乾燥）……… 10g
水煮トマト（カットタイプ）……… 300g
玉ねぎ（みじん切り）……… 1/4個分
にんにく（みじん切り）……… 1かけ分
赤唐辛子 ……… 1本
いか墨ペースト ……… 1袋（4g）
白ワイン ……… 大さじ2
塩 ……… 小さじ1/4
こしょう ……… 少々
オリーブ油 ……… 大さじ2

作り方

1　いかは内臓と軟骨などを取り除き、水洗いしてキッチンペーパーで水けを押さえる。胴は1cm幅の輪切りにし、足は2〜3本ずつに切り分ける。

2　ひじきはたっぷりの水に5分ほど浸けて戻し、数回すすいで水けをきる。

3　赤唐辛子は半分にちぎり、種を除く。

4　フライパンにオリーブ油、にんにくを入れて弱めの中火にかけ、香りが立ったら玉ねぎを加えて中火で炒める。玉ねぎが透き通ったら、赤唐辛子、いか墨ペーストを加えて軽く炒め、白ワインを加えて煮立たせる。

5　4に水煮トマトを加え、混ぜながら2分ほど煮詰め、いか、ひじき、塩を加えて混ぜる。

6　鍋に湯1.5ℓを沸かして塩を加え、パスタを袋の表示時間より1分短くゆでてざるに上げる。

7　5にゆで汁1/4カップを加えて強めの中火にし、パスタ、こしょうを加えてからめながら1分ほど煮る。

プリッとした帆立にわかめとバターが香る、
海の幸のあっさりパスタ。

帆立とわかめのパスタ

材料（2人分）

ショートパスタ（フジッリ）——— 160g
ゆでるときの塩——— 大さじ1

ベビー帆立（ボイル）——— 180g
わかめ（塩蔵）——— 40g
長ねぎ——— 1本
にんにく（みじん切り）——— 1かけ分
白ワイン——— 大さじ2
バター——— 20g
塩、こしょう——— 各少々
オリーブ油——— 大さじ1

作り方

1　わかめは2、3回水洗いして塩を落とし、たっぷりの水に5分ほど浸けて戻す。水け
を絞り、粗みじん切りにする。

2　長ねぎは縦半分に切り、5mm幅の斜め切りにする。

3　フライパンにオリーブ油、にんにくを入れて弱めの中火にかけ、香りが立ったら長ね
ぎを加えて中火で炒める。帆立を加えてさっと炒め、白ワインを加えて煮立たせる。

4　鍋に湯1.5ℓを沸かして塩を加え、パスタを袋の表示時間どおりにゆでてざるに上げる。

5　3にゆで汁1/4カップを加えて強めの中火にし、わかめ、パスタ、バターを加えてか
らめながら炒め、塩、こしょうで味をととのえる。

さばの水煮缶から
こんなにおいしいソースができるなんて！

さば缶のトマトパスタ

材料（2人分）

ショートパスタ（リガトーニ）———— 160g
ゆでるときの塩 ———— 大さじ1

———

さば水煮缶 ———— 1缶（150g）
水煮トマト（カットタイプ）———— 300g
玉ねぎ（みじん切り）———— 1/2個分
にんにく（みじん切り）———— 1かけ分
A ┌ オレガノ（ドライ）———— 小さじ1
　│ チリパウダー ———— 小さじ1/2
　└ 塩 ———— 小さじ1/4
B ┌ 塩、こしょう ———— 各少々
　オリーブ油 ———— 大さじ2
　パセリ（みじん切り）———— 適量

作り方

1　フライパンにオリーブ油、にんにくを入れて弱めの中火にかけ、香りが立ったら玉ね
　　ぎを加えて中火で炒める。

2　1の玉ねぎが透き通ったら、さばを缶汁ごと加え、水煮トマト、Aを加える。さばを
　　ざっとほぐしながら、汁けが少なくなるまで2〜3分煮詰める。

3　鍋に湯1.5ℓを沸かして塩を加え、パスタを袋の表示時間より1分短くゆでてざるに
　　上げる。

4　2にゆで汁1/2カップを加えて強めの中火にし、パスタを加えてからめながら1分
　　ほど煮て、Bで味をととのえる。

5　器に盛り、パセリを散らす。

ちょっと甘みのある和風ソースが後をひくおいしさ。

いかコーンのバターじょうゆパスタ

材料（2人分）

スパゲッティ ……… 160g
ゆでるときの塩 ……… 大さじ1

いか（するめいかなど）……… 1ぱい（正味160g）
コーン缶（ホール）……… 100g
さやいんげん ……… 10本
A ┌ しょうゆ ……… 大さじ1
　├ みりん ……… 大さじ1
　└ おろしにんにく ……… 小さじ1/2
B ┌ 塩、こしょう ……… 各少々
オリーブ油 ……… 大さじ1
バター ……… 20g

作り方

1　いかは内臓と軟骨などを取り除き、水洗いしてキッチンペーパーで水けを押さえる。胴は1cm幅の輪切りにし、足は2〜3本ずつに切り分ける。

2　コーンは缶汁をきる。いんげんは4cm長さに切る。

3　フライパンにオリーブ油を強めの中火で熱し、いか、コーンを入れてさっと炒める。Aを加え、汁けが少なくなるまで炒める。

4　鍋に湯1.5ℓを沸かして塩を加え、パスタを袋の表示時間どおりゆでる。ゆで上がり時間の2分前になったらいんげんを加え、一緒にゆでてざるに上げる。

5　3にゆで汁1/4カップを加えて強めの中火にし、4を加えて炒め合わせ、Bで味をととのえる。

6　器に盛り、バターをのせる。

ちょっと腕まくりして作る、
味も見た目もリッチなひと皿。

パスタ・アクアパッツァ

材料（2人分）

リングイネ ……… 160g
ゆでるときの塩 ……… 大さじ1
————
鯛 ……… 2切れ（180g）
A ［ 塩、こしょう ……… 各少々
あさり（砂抜きしたもの）……… 200g
ミニトマト ……… 8個
ブラックオリーブ（種抜き）……… 8粒
にんにく ……… 1かけ
B ［ 水 ……… 1カップ
  ［ 白ワイン ……… 1/4カップ
C ［ 塩、こしょう ……… 各少々
オリーブ油 ……… 大さじ3
イタリアンパセリ（粗みじん切り）……… 適量

作り方

1　鯛はひと口大に切り（骨があれば除く）、**A**を
　ふる。

2　あさりは殻をこすり合わせて洗う。ミニトマト
　は縦半分に切る。にんにくは縦半分に切って芯
　を除き、つぶす。

3　フライパンにオリーブ油大さじ1、にんにくを
　入れて弱めの中火にかけ、香りが立ったら鯛を
　皮を下にして入れ、強めの中火で両面を焼く。

4　3にあさり、ミニトマトを加えてさっと炒め、
　Bを加えてふたをし、煮立ったら中火にして4
　〜5分煮る。途中で殻が開いたらあさりを取り
　出し、ラップをかけておく。

5　鍋に湯1.5ℓを沸かして塩を加え、パスタを袋
　の表示時間より1分短くゆでてざるに上げる。

6　4にゆで汁1/4カップ、オリーブ油大さじ2を
　加えて強めの中火にし、煮立ったらあさりを戻
　し入れ、パスタ、オリーブを加えてからめなが
　ら1分煮て、**C**で味をととのえる。

7　器に盛り、イタリアンパセリを散らす。

スペインの定番料理。フライパンだけで作れて、この見映え！

パスタ・パエリア

材料
（2人分・直径24〜26cmのフライパン1台分）

フェデリーニ ——— 160g

　

有頭えび ——— 4尾
鶏もも肉 ——— 1/2枚（120g）
A［ 塩、こしょう ——— 各少々
　水煮トマト（カットタイプ） ——— 100g
パプリカ（赤、黄） ——— 各1/2個
グリーンピース（冷凍） ——— 40g
B［ 玉ねぎ（みじん切り） ——— 1/4個分
　にんにく（みじん切り） ——— 1かけ分
白ワイン ——— 大さじ2
C［ 湯 ——— 2カップ
　洋風スープの素（顆粒） ——— 小さじ1
　塩 ——— 小さじ1/3
　サフラン（あれば） ——— ひとつまみ
オリーブ油 ——— 大さじ2
レモン（くし形切り） ——— 適量

作り方

1 パスタは2〜3cm長さに折る。ふきんに包んで折ると散らばらず、扱いやすい。

2 えびはヒゲを切り、頭から2番目の節に竹串を刺して背ワタを抜く。鶏肉は小さめのひと口大に切り、Aをふる。パプリカは縦に1cm幅に切る。

3 グリーンピースは耐熱容器に入れ、全体にかぶるくらいまで熱湯を注ぎ、冷めるまでおいて解凍し、水けをきる。

4 フライパンにオリーブ油大さじ1を強めの中火で熱し、2を色よく焼いてボウルなどに移す。

5 4のフライパンにオリーブ油大さじ1を足して中火で熱し、Bを入れて玉ねぎが透き通るまで炒める。白ワインを加えて煮立たせ、水煮トマトを加えて混ぜながら1分ほど煮詰める。

6 5にCを加えて強火にし、煮立ったらパスタを加え、混ぜながら1分煮て表面をならす。えび、鶏肉、パプリカをのせてふたをし、中火で3分煮る。ふたをはずし、パチパチと音がするまで汁けを飛ばす。グリーンピースを散らし、レモンを添える。

魚好きなら見逃せない、新しいパスタの味わいです。

かじきのカレークリームパスタ

材料（2人分）

スパゲッティ ……… 160g
ゆでるときの塩 ……… 大さじ1
――――――――
めかじき ……… 2切れ（200g）
A ［ カレー粉 ……… 小さじ1
　　塩 ……… 小さじ1/4
　　こしょう ……… 少々
カリフラワー ……… 1/2株（150g）
トマト ……… 小1個
玉ねぎ（みじん切り）……… 1/3個分
にんにく（みじん切り）……… 1かけ分
B ［ ココナッツミルクパウダー ……… 30g
　　水 ……… 1カップ
カレー粉 ……… 大さじ1
C ［ 粒マスタード ……… 大さじ2
　　白ワインビネガー ……… 小さじ2
　　砂糖 ……… 小さじ1/2
　　塩 ……… 小さじ1/4
D ［ 塩、こしょう ……… 各少々
オリーブ油 ……… 大さじ2
パクチー（ざく切り）……… 適量

作り方

1　めかじきは 1.5cm幅に切り、**A** をまぶす。

2　カリフラワーはひと口大の小房に切る。トマト
　　は横半分に切って種を除き、ひと口大に切る。

3　**B** は混ぜ合わせる。

4　フライパンにオリーブ油を中火で熱し、玉ねぎ、
　　にんにくを炒める。玉ねぎが透き通ったら端に
　　寄せ、めかじきを加えて色が変わるまで焼く。
　　カレー粉を加えて炒め、**3** を加え、煮立ったら
　　C を加えて軽く煮る。

5　鍋に湯 1.5ℓ を沸かして塩を加え、パスタを袋
　　の表示時間より 1 分短くゆでる。ゆで上がり時
　　間の 3 分前になったらカリフラワーを加え、一
　　緒にゆでてざるに上げる。

6　**4** に **5**、トマトを加えて強めの中火にし、ソー
　　スをからめながら 1 分ほど煮て、**D** で味をとと
　　のえる。器に盛ってパクチーを散らす。

このソース、爽快な赤唐辛子の辛みが
口の中で弾けます。

えびのホットトマトパスタ

材料（2人分）

ショートパスタ（ペンネ）……… 160g
ゆでるときの塩 ……… 大さじ1
──
えび（ブラックタイガー）……… 8尾
A ［ 酒 ……… 大さじ1/2
　　塩 ……… 少々
ブロッコリー ……… 1/2株
にんにく（みじん切り）……… 1かけ分
長ねぎ（粗みじん切り）……… 1本分
赤唐辛子（輪切り）……… 2本分
水煮トマト（カットタイプ）……… 300g
B ［ トマトケチャップ ……… 大さじ2
　　しょうゆ ……… 小さじ1
　　こしょう ……… 少々
C ［ 塩、こしょう ……… 各少々
オリーブ油 ……… 大さじ2

作り方

1　えびは尾1節を残して殻をむき、背に切り目を入れて背ワタを除き、Aをからめる。ブロッコリーはひと口大の小房に切る。

2　フライパンにオリーブ油大さじ1/2を熱し、えびを入れて色が変わるまで焼き、取り出す。

3　2のフライパンにオリーブ油大さじ1と1/2、にんにくを入れて弱めの中火にかけ、香りが立ったら長ねぎ、赤唐辛子を加えて中火で炒める。水煮トマトを加えて混ぜながら2分ほど煮詰め、Bを加えて混ぜる。

4　鍋に湯1.5ℓを沸かして塩を加え、パスタを袋の表示時間どおりゆでる。ゆで上がり時間の3分前になったらブロッコリーを加え、一緒にゆでてざるに上げる。

5　3にゆで汁1/4カップを加えて強めの中火にし、えび、4を加えてソースをからめながら炒め、Cで味をととのえる。

混ぜて食べるのがおいしいから、こぼれてもおかまいなし！

いわしのカリカリパン粉パスタ

材料（2人分）

スパゲッティ —— 160g
ゆでるときの塩 —— 大さじ1
——
いわし（三枚おろし）—— 3尾分
A ⌈ 塩 —— 小さじ1/4
⌊ こしょう —— 少々
ズッキーニ —— 1本
玉ねぎ（薄切り）—— 1/4個分
赤唐辛子 —— 1本
ケッパー —— 大さじ1
白ワイン —— 大さじ1
こしょう —— 少々
オリーブ油 —— 大さじ2

カリカリパン粉
にんにく（みじん切り）—— 1かけ分
アーモンド
　　（ロースト・粗みじん切り）—— 20g
パン粉 —— 10g
塩 —— 少々
オリーブ油 —— 大さじ1/2

作り方

1　カリカリパン粉を作る。フライパンにオリーブ油大さじ1/2、にんにくを入れて弱めの中火にかけ、アーモンド、パン粉を加えて色よく炒め、塩を加えて混ぜ、取り出す。

2　いわしは腹骨をそぎ切り、ひと口大に切ってAをふる。

3　ズッキーニは5mm幅に斜めに切ってから、細切りにする。赤唐辛子は半分にちぎり、種を除く。

4　1のフライパンにオリーブ油大さじ1/2を強めの中火で熱し、いわしを皮を下にして入れ、両面を焼いて取り出す。

5　フライパンを洗い、オリーブ油大さじ1と1/2を中火で熱し、玉ねぎを炒める。しんなりしたら3を加えて炒め、白ワインを加えて煮立たせ、ケッパーを加える。

6　鍋に湯1.5ℓを沸かして塩を加え、パスタを袋の表示時間どおりゆでてざるに上げる。

7　5にゆで汁1/4カップを加えて強めの中火にし、いわし、パスタ、こしょうを加えて炒め、器に盛ってカリカリパン粉をかける。

軽い口当たりの豆乳クリームに
たらこを加えて仕上げます。

鮭とたらこの豆乳パスタ

材料（2人分）

タリアテッレ ──── 120g
ゆでるときの塩 ──── 大さじ1
───
鮭フレーク ──── 40g
たらこ ──── 1腹（50g）
酒 ──── 大さじ1
かぶ（葉つき）──── 2個
長ねぎ ──── 1/2本
調整豆乳 ──── 1カップ
A ［ 塩、こしょう ──── 各少々
オリーブ油 ──── 大さじ1

作り方

1 たらこは薄皮を除き、酒をふってほぐす。

2 かぶは葉の部分を切り落とし、実は1cm幅程度のくし形切りにし、茎は5〜6mm幅に刻む。長ねぎは縦半分に切り、斜め1cm幅に切る。

3 フライパンにオリーブ油を中火で熱し、かぶの実、長ねぎをさっと炒める。鮭フレーク、豆乳を加えて軽く煮る。

4 鍋に湯1.5ℓを沸かして塩を加え、パスタを袋の表示時間より1分短くゆでる。ゆで上がり時間の1分前になったらかぶの茎を加え、一緒にゆでてざるに上げる。

5 3に4を加えて強めの中火にし、からめながら1分ほど煮て、Aで味をととのえる。火から下ろしてたらこを加え、全体を混ぜ合わせる。

あさりは蒸してから取り出し、
最後に戻すと味も食感も◎です。

ボンゴレ・ロゼ

材料（2人分）

スパゲッティ ……… 160g
ゆでるときの塩 ……… 大さじ1
―――
あさり（砂抜きしたもの）……… 200g
トマト ……… 1個
セロリ ……… 1本
玉ねぎ ……… 1/4個
にんにく（みじん切り）……… 1かけ分
赤唐辛子（輪切り）……… 1本分
A ⌈ 水 ……… 1/4カップ
　⌊ 白ワイン ……… 大さじ2
ナンプラー ……… 小さじ1
オリーブ油 ……… 大さじ2
セロリの葉（ざく切り）……… 適量

作り方

1　あさりは殻をこすり合わせて洗う。

2　トマトは横半分に切って種を除き、ひと口大に切る。セロリは斜めに薄切りにする。玉ねぎは横半分に切って薄切りにする。

3　フライパンにオリーブ油、にんにくを入れて弱めの中火にかけ、香りが立ったら赤唐辛子、セロリ、玉ねぎを加えて中火で炒める。

4　3にあさり、トマトを加えてさっと炒め、Aを加え、煮立ったらふたをして蒸す。殻が開いたらあさりを取り出し、ラップをかけておく。フライパンにナンプラーを加えて混ぜる。

5　鍋に湯1.5ℓを沸かして塩を加え、パスタを袋の表示時間より1分短くゆでてざるに上げる。

6　4のフライパンにゆで汁1/4カップを加えて強めの中火にし、あさりを戻し入れ、パスタを加えてからめながら1分ほど煮る。器に盛り、セロリの葉を散らす。

隠し味のみそでオイルがぐっとおいしくなります。

たこのバーニャカウダ・パスタ

材料（2人分）

ショートパスタ（フジッリ）——— 160g
ゆでるときの塩 ——— 大さじ1

———

ゆでだこ ——— 160g
ブロッコリー ——— 100g
パプリカ（赤、黄）——— 各1/2個
A ┌ オリーブ油 ——— 大さじ2
　│ アンチョビ（みじん切り）——— 18g（フィレ6枚分）
　│ おろしにんにく ——— 小さじ2
　└ みそ ——— 小さじ1/2
　　生クリーム ——— 大さじ2
B ┌ 塩、こしょう ——— 各少々

作り方

1　たこは5mm厚さのそぎ切りにする。

2　ブロッコリーはひと口大の小房に切る。パプリカは横半分に切り、縦に1cm幅に切る。

3　フライパンにAを入れて弱めの中火にかけ、にんにくの香りが立ったら生クリームを
　加えて混ぜる。

4　鍋に湯1.5ℓを沸かして塩を加え、パスタを袋の表示時間どおりゆでる。ゆで上がり
　時間の3分前になったら2を加え、一緒にゆでてざるに上げる。

5　3にたこを加えて強めの中火にし、4を加えてからめながら炒め、Bで味をととのえる。

少し甘めの和風味でカリカリ食感。
止まらないおいしさです。

じゃことピーナッツのパスタ

材料（2人分）

スパゲッティ ┈┈ 160g
ゆでるときの塩 ┈┈ 大さじ1

――――

ちりめんじゃこ ┈┈ 20g
ピーナッツ*（ロースト・粗みじん切り）┈┈ 20g
ピーマン ┈┈ 4個
ベーコン（スライス）┈┈ 20g（1枚）
にんにく（みじん切り）┈┈ 1かけ分
赤唐辛子（輪切り）┈┈ 1本分
A ⌈ みりん ┈┈ 大さじ1
　⌊ しょうゆ ┈┈ 大さじ1
こしょう ┈┈ 少々
オリーブ油 ┈┈ 大さじ3
＊バターピーナッツでもよい。

作り方

1　ピーマンは縦半分に切り、横に7〜8mm幅に切る。ベーコンは5mm幅に切る。

2　フライパンにオリーブ油、じゃこ、ベーコン、にんにくを入れて弱めの中火にかけ、3分ほどかけて香ばしく炒める。

3　2にピーマン、赤唐辛子を加えて中火で炒め、Aを加えて汁けが少なくなるまで炒める。

4　鍋に湯1.5ℓを沸かして塩を加え、パスタを袋の表示時間どおりゆでてざるに上げる。

5　3にゆで汁大さじ2を加えて強めの中火にし、パスタ、こしょうを加えて炒め、器に盛ってピーナッツを散らす。

缶のさばみそがパスタに合うって、新発見です。

さばみそとしし唐のパスタ

材料（2人分）

スパゲッティ ──── 160g
ゆでるときの塩 ──── 大さじ1
──────
さばみそ煮缶 ──── 1缶（150g）
しし唐辛子 ──── 12本
長ねぎ ──── 1本
A ┌ 酒 ──── 大さじ1
  │ しょうゆ ──── 大さじ1/2
  └ こしょう ──── 少々
オリーブ油 ──── 大さじ1と1/2
しょうが（細切り）──── 1/2かけ分

作り方

1 さばみそ煮は汁ごとボウルに入れ、ざっとほぐす。

2 しし唐は包丁の先で1〜2か所切り目を入れる。長ねぎは斜めに1cm幅に切る。

3 フライパンにオリーブ油大さじ1/2を中火で熱し、しし唐を色よく炒めて取り出す。オリーブ油大さじ1を足して長ねぎを炒め、薄く焼き色がついたら、1、Aを加えて炒める。

4 鍋に湯1.5ℓを沸かして塩を加え、パスタを袋の表示時間より1分短くゆでてざるに上げる。

5 3にゆで汁1/4カップを加えて強めの中火にし、パスタを加えてからめながら1分ほど炒め、しし唐を加えて混ぜる。

6 器に盛り、しょうがを散らす。

パスタを先にゆでて独特のもっちりした食感を出します。

ナポリタン

材料（2人分）

スパゲッティ ……… 180g
ゆでるときの塩 ……… 大さじ1
サラダ油 ……… 小さじ2
——
ウインナーソーセージ ……… 4本
玉ねぎ（薄切り）……… 1/3個分
ピーマン ……… 2個
マッシュルーム水煮缶（スライス）……… 30g
A ┌ トマトケチャップ ……… 大さじ5
　 │ 赤ワイン ……… 大さじ2
　 │ トマトピューレ ……… 大さじ1
　 └ ウスターソース ……… 大さじ1
こしょう ……… 少々
オリーブ油 ……… 大さじ1と1/2
バター ……… 10g

作り方

1 鍋に湯1.5ℓを沸かして塩を加え、パスタを袋の表示時間より1分長くゆで、ざるに上げる。さっと流水にくぐらせて水けをきり、サラダ油をまぶす。

2 ソーセージは斜めに5mm幅に切る。ピーマンは縦半分に切って横に5mm幅に切る。

3 Aは混ぜ合わせる。

4 フライパンにオリーブ油、バターを入れて中火にかけ、玉ねぎ、ソーセージを炒める。玉ねぎがしんなりしたら、ピーマン、缶汁をきったマッシュルームを加えて炒める。

5 4の野菜などを端に寄せ、3を加えて軽く煮詰め、全体を混ぜる。

6 5にパスタを加え、味が均一になるように炒め、こしょうをふる。

イタリアン

材料（2人分）

スパゲッティ ……… 180g
ゆでるときの塩 ……… 大さじ1
サラダ油 ……… 小さじ2
──
ボローニャソーセージ* ……… 4枚
玉ねぎ(薄切り) ……… 1/3個分
ピーマン ……… 2個
マッシュルーム水煮缶(スライス) ……… 30g
白ワイン ……… 大さじ2
A [塩 ……… 小さじ1/4
  [こしょう ……… 少々
オリーブ油 ……… 大さじ2
*ソフトサラミでもよい。

作り方

1 鍋に湯1.5ℓを沸かして塩を加え、パスタを袋の表示時間より1分長くゆで、ざるに上げる。さっと流水にくぐらせて水けをきり、サラダ油をまぶす。

2 ソーセージは半分に切り、細切りにする。ピーマンは縦半分に切り、横に5mm幅に切る。

3 フライパンにオリーブ油を強めの中火で熱し、玉ねぎを炒める。しんなりしたら2、缶汁をきったマッシュルームを加えてさっと炒め、白ワインを加えて煮立たせる。

4 3にパスタを加えて炒め、Aで味をととのえる。

合いびき肉に野菜をたっぷり加えた、喫茶店の味です。

ミートソース

材料（2人分）

スパゲッティ ……… 160g
ゆでるときの塩 ……… 大さじ1
サラダ油 ……… 小さじ2
——
合いびき肉 ……… 150g
A 「 塩 ……… 小さじ1/4
  └ こしょう ……… 少々
B 「 玉ねぎ（みじん切り）……… 1/2個分
  │ にんじん（みじん切り）……… 1/3本分
  │ セロリ（みじん切り）……… 1/3本分
  └ にんにく（みじん切り）……… 1かけ分
赤ワイン ……… 1/4カップ
水煮トマト（カットタイプ）……… 200g
C 「 水 ……… 1/2カップ
  │ トマトケチャップ ……… 大さじ2
  │ 中濃ソース ……… 大さじ1
  │ 砂糖 ……… 小さじ1
  │ しょうゆ ……… 小さじ1/2
  └ 洋風スープの素（顆粒）……… 小さじ1/2
こしょう ……… 少々
オリーブ油 ……… 大さじ1
粉チーズ、パセリ（みじん切り）……… 各適量

作り方

1 鍋に湯1.5ℓを沸かして塩を加え、パスタを袋の表示時間より1分長くゆで、ざるに上げる。さっと流水にくぐらせて水けをきり、サラダ油をまぶす。

2 ひき肉はAをふる。

3 フライパンにオリーブ油を強めの中火で熱し、ひき肉を炒める。肉の色が変わったらBを加え、玉ねぎが透き通るまで炒める。

4 3に赤ワインを加えて煮立たせ、水煮トマトを加えて1分ほど炒める。Cを加え、汁けが少なくなるまで5〜6分煮詰める。

5 別のフライパンにパスタを入れ、中火で炒めながら温め、こしょうをふる。器に盛って4をかけ、粉チーズ、パセリをかける。

バルサミコ酢の深くまろやかな風味がマッチします。

きのこと栗のホットマリネパスタ

材料（2人分）

ショートパスタ（ジリ）—— 160g
ゆでるときの塩 —— 大さじ1

———

しいたけ、しめじ —— （合わせて）200g
甘栗（むき身・市販）—— 30g
ベーコン（ブロック）—— 80g
にんにく —— 2かけ
赤唐辛子 —— 1本
タイム（生）—— 3枝
A 「 バルサミコ酢 —— 大さじ2
　 　 砂糖 —— 小さじ1/4
B 「 塩、こしょう —— 各少々
　 オリーブ油 —— 大さじ2

作り方

1 しいたけは十字に切り、しめじはほぐす。甘栗は縦半分に切る。

2 ベーコンは1cm角の棒状に切る。にんにくは縦半分に切って芯を除き、つぶす。赤唐辛子は半分にちぎり、種を除く。

3 フライパンにオリーブ油、にんにくを入れて弱めの中火にかけ、香りが立ったらベーコンを加え、薄く色づくまで中火で炒める。しいたけ、しめじ、赤唐辛子を加えて炒め、タイム、Aを加えて汁けが少なくなるまで炒める。

4 鍋に湯1.5ℓを沸かして塩を加え、パスタを袋の表示時間より1分短くゆでてざるに上げる。

5 3にゆで汁1/2カップを加えて強めの中火にし、パスタ、甘栗を加えてからめながら1分ほど炒め、Bで味をととのえる。

ひと味違うペーストの心地よいほろ苦さが
フジッリによくからみます。

春菊とくるみのジェノベーゼ

材料（2人分）

ショートパスタ（フジッリ）……… 160g
ゆでるときの塩 ……… 大さじ1

———

春菊（茎は除く）……… 20g
くるみ（ロースト）……… 20g
A ┌ パルメザンチーズ（すりおろす）……… 20g
　│ にんにく（みじん切り）……… 1かけ分
　└ オリーブ油 ……… 大さじ3
B ┌ 塩、こしょう ……… 各少々

作り方

1　春菊、くるみは粗く刻む。

2　フードプロセッサーで1、Aをなめらかなペースト状にし、大きめのボウルに入れる。

3　鍋に湯 1.5ℓ を沸かして塩を加え、パスタを袋の表示時間どおりゆでてざるに上げる。

4　2にゆで汁大さじ2、パスタを加え、ソースをからめるようにあえ、Bで味をととのえる。

5　器に盛り、好みでくるみを粗く刻んで散らす。

5種類の野菜の味わいをギュギュッと詰め込みました。

カポナータのパスタ

材料（2人分）

スパゲッティ ──── 160g
ゆでるときの塩 ──── 大さじ1

────

水煮トマト（カットタイプ） ──── 200g
なす ──── 2本
玉ねぎ ──── 1/2個
ズッキーニ ──── 1/2本
パプリカ（黄） ──── 1/2個
にんにく（みじん切り） ──── 1かけ分
レーズン ──── 20g
塩 ──── 小さじ1/3
A ［ 白ワインビネガー ──── 大さじ1と1/2
　　砂糖 ──── 大さじ1
B ［ 塩、こしょう ──── 各少々
　オリーブ油 ──── 大さじ2

作り方

I　なすは1.5cm角に切り、水にさらして水けをきる。玉ねぎ、ズッキーニ、パプリカは
　　1.5cm角に切る。

2　フライパンにオリーブ油、にんにくを入れて弱めの中火にかけ、香りが立ったらなす、
　　玉ねぎを加えて強めの中火で炒める。玉ねぎが透き通ってきたら、ズッキーニ、パプ
　　リカ、塩を加えてしんなりするまで炒める。

3　2に水煮トマト、レーズンを加え、炒めながら2分ほど煮詰め、Aを加えて混ぜる。

4　鍋に湯1.5ℓを沸かして塩を加え、パスタを袋の表示時間より1分短くゆでてざるに
　　上げる。

5　3にゆで汁1/4カップを加えて強めの中火にし、パスタを加えてからめながら1分
　　ほど炒め、Bで味をととのえる。

イタリア式にとことん煮た
小松菜のうまさにびっくり。

小松菜のくたくた煮パスタ

材料（2人分）

スパゲッティ ……… 160g
ゆでるときの塩 ……… 大さじ1

小松菜 ……… 300g（大1束）
ドライトマト（オイル漬け） ……… 20g
アンチョビ（粗みじん切り） ……… 18g（フィレ6枚分）
にんにく ……… 1かけ
赤唐辛子 ……… 1本
白ワイン ……… 大さじ3
A ［ 塩、こしょう ……… 各少々
オリーブ油 ……… 大さじ3

作り方

1　小松菜は3cm幅に切る。ドライトマトは5mm幅に切る。にんにくは縦半分に切って芯を除き、つぶす。赤唐辛子は半分にちぎり、種を除く。

2　フライパンにオリーブ油、アンチョビ、1、白ワインを入れてふたをし、強めの中火にかける。フツフツしてきたら上下を返すように混ぜ、弱めの中火で小松菜がくたくたになるまで20分ほど煮る。途中で水分がなくなったら、少量の水を足す。

3　鍋に湯1.5ℓを沸かして塩を加え、パスタを袋の表示時間より1分短くゆでてざるに上げる。

4　2のふたをはずし、ゆで汁1/2カップを加えて強めの中火にし、パスタを加えてからめながら1分ほど煮て、Aで味をととのえる。

にんにくとクミンの香りが
味わいをさらに高めます。

ブロッコリーとそら豆のパスタ

材料（2人分）

ショートパスタ（フジッリ）……… 160g
ゆでるときの塩……… 大さじ1
──
ブロッコリー……… 1/2株
そら豆（冷凍）……… 150g
ベーコン（スライス）……… 4枚（80g）
玉ねぎ（みじん切り）……… 1/4個分
にんにく（みじん切り）……… 1かけ分
クミンシード……… 小さじ1/3
白ワイン……… 大さじ2
A ［ 塩、こしょう……… 各少々
オリーブ油……… 大さじ2
パルメザンチーズ（すりおろす）……… 大さじ2

作り方

1　ブロッコリーは粗く刻む。そら豆は水に浸けて解凍し、薄皮をむく。

2　ベーコンは細切りにする。

3　フライパンにオリーブ油、にんにく、クミンシードを入れて弱めの中火にかけ、香り
　　が立ったら、ベーコン、玉ねぎを加え、中火で炒める。玉ねぎが透き通ったら、白ワ
　　インを加えて煮立たせる。

4　鍋に湯1.5ℓを沸かして塩を加え、パスタを袋の表示時間より1分短くゆでる。ゆで
　　上がり時間の1分前になったら1を加え、一緒にゆでてざるに上げる。

5　3にゆで汁1/4カップを加えて強めの中火にし、4を加えてからめながら1分ほど
　　炒め、Aで味をととのえる。

6　器に盛り、チーズをかける。

パスタを直にジュースで煮る、
お手軽なうえに濃厚なパスタ。

野菜ジュースのトマトパスタ

材料（2人分）

スパゲッティ ……… 160g

———

ウインナーソーセージ ……… 6本
玉ねぎ ……… 1/2個
にんにく（みじん切り）……… 1かけ分
A
　野菜ジュース（トマトベース・食塩不使用）……… 2カップ
　水 ……… 1カップ
　洋風スープの素（顆粒）……… 小さじ1/2
　砂糖 ……… 小さじ1/2
　塩 ……… 小さじ1/3
オリーブ油 ……… 大さじ1
ピザ用チーズ ……… 60g
粗びき黒こしょう ……… 適量

作り方

I　ソーセージは斜めに7〜8mm幅に切る。玉ねぎは横半分に切って縦に薄切りにする。

2　フライパンにオリーブ油、にんにくを入れて弱めの中火にかけ、香りが立ったら玉ねぎを加えて中火で炒める。しんなりしたら、ソーセージを加えてさっと炒める。

3　2にAを加えて強火にし、煮立ったらパスタを半分に折ってバラバラに広げて加える。ふたをして弱めの中火にし、フツフツと沸く状態を保ち、袋の表示時間のゆで時間どおりに煮る。途中で2〜3回ほぐして混ぜ、火を止める。

4　3が熱いうちにチーズを加え、ふたをして余熱で溶かし、黒こしょうをふる。

アメリカのソウルフード。
チェダーの風味がおいしさの鍵。

マカロニ＆チーズ

材料（2人分）

ショートパスタ（マカロニ）……… 160g
ゆでるときの塩 ……… 大さじ1

――――

ミックスベジタブル（冷凍）……… 150g
ピザ用チーズ（チェダーチーズ入り）……… 120g
玉ねぎ ……… 1/2個
小麦粉 ……… 大さじ2
牛乳 ……… 2カップ
A ［ 洋風スープの素（顆粒）……… 小さじ1/2
　 　 砂糖 ……… 小さじ1
B ［ 塩、こしょう ……… 各少々
バター ……… 20g
ベーコンビッツ ……… 小さじ2

作り方

1　玉ねぎは横半分に切って縦に薄切りにする。

2　鍋に湯1.5ℓを沸かして塩を加え、パスタを袋の表示時間どおりゆでる。ゆで上がり
　　時間の2分前になったらミックスベジタブルを加え、一緒にゆでてざるに上げる。

3　フライパンにバターを入れて中火にかけ、溶けたら玉ねぎを加えて炒める。しんなり
　　したら小麦粉をふり入れ、粉っぽさがなくなるまで炒める。

4　3に牛乳を2〜3回に分けて加えながら混ぜ合わせる。なめらかになってフツフツ
　　してきたら、チーズ、Aを加えて混ぜる。

5　4に2を加えてからめ、Bで味をととのえる。

6　器に盛り、ベーコンビッツをふる。

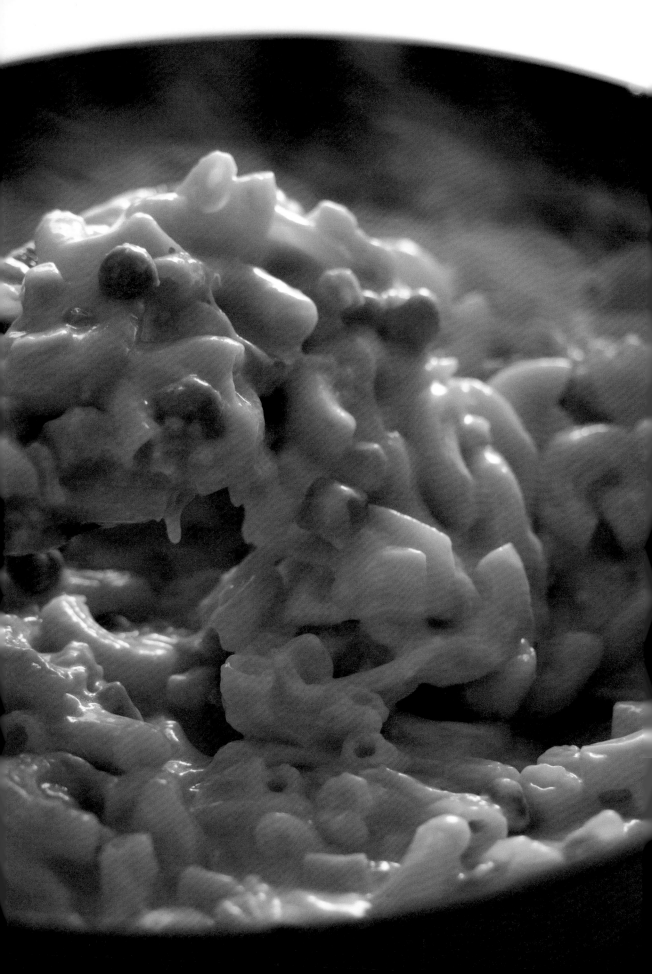

クリーミーなソースと
れんこんの歯ざわりが絶妙の相性。

れんこんとエリンギのブルーチーズパスタ

材料（2人分）

ショートパスタ（ペンネ）　160g
ゆでるときの塩　大さじ1

れんこん　150g
エリンギ　100g
生クリーム　1カップ
ゴルゴンゾーラチーズ*　80g
白ワイン　大さじ2
A［　塩、こしょう　各少々
オリーブ油　大さじ1
くるみ（ロースト・粗みじん切り）　20g
*塩けが強すぎないタイプ（ドルチェ）が向く。

作り方

1　れんこんは5mm厚さのいちょう切りにし、水にさらして水けをきる。エリンギは長さを半分に切り、食べやすい大きさに裂く。

2　フライパンにオリーブ油を中火で熱し、エリンギを炒める。白ワインを加えて煮立たせ、生クリーム、チーズを加え、混ぜながらチーズを溶かす。

3　鍋に湯1.5ℓを沸かして塩を加え、パスタを袋の表示時間どおりゆでる。ゆで上がり時間の4分前になったられんこんを加え、一緒にゆでてざるに上げる。

4　2に3を加えて中火でからめ、Aで味をととのえる。

5　器に盛り、くるみを散らす。

みんなが好きな
とろりと甘いコーンクリームのソース。

コーンとソーセージのパスタ

材料（2人分）

タリアテッレ ……… 120g
ゆでるときの塩 ……… 大さじ1
——
ウインナーソーセージ ……… 6本
グリーンアスパラガス ……… 4本
玉ねぎ（みじん切り）……… 1/4個分
A ┌ コーン缶（クリーム）……… 1缶（180g）
　├ コーン缶（ホール）……… 1缶（120g）
　├ 牛乳 ……… 1/2カップ
　└ 塩 ……… 小さじ1/4
B ┌ 塩、こしょう ……… 各少々
オリーブ油 ……… 大さじ1
パプリカパウダー ……… 適量

作り方

1　ソーセージは斜めに7〜8mm幅に切る。アスパラガスは根元の硬い部分をピーラーで
　　むき、斜めに3cm幅に切る。

2　フライパンにオリーブ油を中火で熱し、玉ねぎを炒める。玉ねぎが透き通ったらソー
　　セージを加えてさっと炒め、Aを加え混ぜ、軽く煮詰める。

3　鍋に湯1.5ℓを沸かして塩を加え、パスタを袋の表示時間どおりゆでる。ゆで上がり
　　時間の2分前になったらアスパラガスを加え、一緒にゆでてざるに上げる。

4　2に3を加えて中火でからめ、Bで味をととのえる。

5　器に盛り、パプリカパウダーをふる。

ベーコンが濃厚なかぼちゃクリームのアクセントに。

かぼちゃクリームのパスタ

材料（2人分）

スパゲッティ ──── 160g
ゆでるときの塩 ──── 大さじ1
───
かぼちゃ ──── 250g（1/6個）
玉ねぎ（みじん切り）──── 1/4個分
ベーコン（スライス）──── 2枚（40g）
生クリーム ──── 1/2カップ
レッドキドニービーンズ（ドライパック）*
　　──── 50g
にんにく ──── 1かけ
A ┌ 水 ──── 1カップ
　└ 洋風スープの素（顆粒）──── 小さじ1
B ┌ 塩、こしょう ──── 各少々
オリーブ油 ──── 大さじ1と1/2
ナツメグパウダー ──── 小さじ1/3
＊水煮缶を使う場合はさっと洗ってぬめりを取る。

作り方

1　かぼちゃは皮をむき、5mm厚さのいちょう切りにする。にんにくは縦半分に切って芯を除き、つぶす。

2　フライパンにベーコンを並べ入れ、弱めの中火で両面を香ばしく焼き、取り出す。

3　2のフライパンにオリーブ油、にんにくを入れ、弱めの中火にかける。香りが立ったら玉ねぎを加えて中火にし、透き通るまで炒め、かぼちゃを加えて炒める。

4　3にAを加えてふたをし、かぼちゃがやわらかくなるまで5〜6分煮る。フライパンの中でマッシャーなどでつぶし、生クリームを加えて混ぜる。

5　鍋に湯1.5ℓを沸かして塩を加え、パスタを袋の表示時間より1分短くゆでてざるに上げる。

6　4にゆで汁1/4カップ、キドニービーンズを加えて中火にし、パスタを加えてからめながら1分ほど煮て、Bで味をととのえる。

7　器に盛ってベーコンをのせ、ナツメグパウダーをふる。

サラダだけどボリューム満点。
とびきりの食べごたえと栄養バランスです。

シーザーサラダパスタ

材料（2人分）

ショートパスタ（ジリ）……… 160g
ゆでるときの塩……… 大さじ1

ロメインレタス……… 200g（2/3個）
ゆで卵（好みのゆで加減）……… 2個
ベーコン（スライス）……… 2枚（40g）
A ┌ 粉チーズ……… 大さじ3
　│ マヨネーズ……… 大さじ2
　│ 牛乳……… 大さじ2
　│ レモン汁……… 小さじ1
　│ おろしにんにく……… 小さじ1/4
　└ 塩……… 少々
オリーブ油……… 大さじ1/2
B ┌ フライドオニオン……… 大さじ2
　└ 粗びき黒こしょう……… 小さじ1/3

作り方

1　レタスは縦半分に切り、横に 2cm幅に切る。ゆで卵は殻をむき、粗くほぐす。ベーコンは 2cm幅に切る。

2　Aは混ぜ合わせる。

3　フライパンにオリーブ油を中火で熱し、ベーコンを色よく炒める。

4　鍋に湯 1.5ℓ を沸かして塩を加え、パスタを袋の表示時間どおりゆでてざるに上げる。

5　3にゆで汁大さじ 2を加えて強めの中火にし、レタス、パスタを加えて軽く炒める。

6　器に盛り、ゆで卵をのせて2をかけ、Bをふりかける。

弾けるパスタ、とろりとしたなす、食感の対比が楽しい。

なすたっぷりプッタネスカ

材料（2人分）

ショートパスタ（リガトーニ）———— 160g
ゆでるときの塩 ———— 大さじ1

———

水煮トマト（カットタイプ）———— 300g
なす ———— 3本
塩 ———— 少々
アンチョビ（みじん切り）———— 12g（フィレ4枚分）
A ┌ グリーンオリーブ（種抜き）———— 8粒
　　└ ケッパー ———— 大さじ1
にんにく（みじん切り）———— 1かけ分
赤唐辛子 ———— 1本
オリーブ油 ———— 大さじ3
B ［ 塩、こしょう ———— 各少々

作り方

1　なすは皮を縞にむき、1cm厚さの輪切りにする。5分ほど水にさらし、キッチンペーパーで水けを押さえる。

2　赤唐辛子は半分にちぎり、種を除く。

3　フライパンにオリーブ油大さじ2を強めの中火で熱し、なすを並べて塩をふり、両面を色よく焼いて取り出す。

4　3のフライパンにオリーブ油大さじ1を足してにんにくを加え、弱めの中火にかける。香りが立ったら、赤唐辛子、アンチョビを加えてさっと炒め、水煮トマトを加えて混ぜながら中火で2分ほど煮詰める。**A**を加えて混ぜ、なすを戻し入れる。

5　鍋に湯1.5ℓを沸かして塩を加え、パスタを袋の表示時間どおりゆでてざるに上げる。

6　4にゆで汁1/4カップを加えて強めの中火にし、パスタを加えてからめながら炒め、**B**で味をととのえる。

シンプルなパスタに野菜を加えるともっとおいしくなる!

豆苗と枝豆のグリーンペペロンチーノ

材料(2人分)

スパゲッティ ……… 160g
ゆでるときの塩 ……… 大さじ1
———
豆苗 ……… 1パック
枝豆(冷凍・さやつき) ……… 120g
にんにく(みじん切り) ……… 2かけ分
赤唐辛子(輪切り) ……… 1本分
A ┌ 塩 ……… 小さじ1/6
　└ こしょう ……… 少々
オリーブ油 ……… 大さじ3

作り方

1　豆苗は根を切り落とし、長さを半分に切る。枝豆は水に浸けて解凍し、さやから出す。

2　フライパンにオリーブ油、にんにくを入れて弱めの中火にかけ、香りが立ったら赤唐辛子、1を加えて中火でさっと炒める。

3　鍋に湯 1.5ℓ を沸かして塩を加え、パスタを袋の表示時間どおりゆでてざるに上げる。

4　2にゆで汁大さじ2を加えて強めの中火にし、パスタを加えて炒め合わせ、Aで味をととのえる。

やさしい味の食材がひとつになって奏でるハーモニー。

カリフラワーと豆の白いパスタ

材料（2人分）

ショートパスタ（ジリ）……… 160g
ゆでるときの塩 ……… 大さじ1

カリフラワー ……… 150g（1/2株）
白いんげん豆水煮缶 ……… 1缶（固形量240g）
玉ねぎ（みじん切り）……… 1/3個分
にんにく（みじん切り）……… 1かけ分
A ┌ 白ワイン ……… 大さじ2
　└ 洋風スープの素（顆粒）……… 小さじ1/2
　塩 ……… 少々
　オリーブ油 ……… 大さじ1と1/2
B ┌ パルメザンチーズ（すりおろす）……… 大さじ2
　│ オリーブ油 ……… 小さじ2
　└ 粗びき黒こしょう ……… 小さじ1/3

作り方

1　カリフラワーはひと口大の小房に切る。

2　いんげん豆はざるに入れ、流水をかけてぬめりを取り、水けをきる。

3　フライパンにオリーブ油、にんにくを入れて弱めの中火にかけ、香りが立ったら玉ねぎを加えて中火で炒める。透き通ってきたら、いんげん豆、Aを加えてさっと炒め合わせる。

4　鍋に湯1.5ℓを沸かして塩を加え、パスタを袋の表示時間より1分短くゆでる。ゆで上がり時間の3分前になったらカリフラワーを加え、一緒にゆでてざるに上げる。

5　3にゆで汁1/2カップを加えて強めの中火にし、4を加えてからめながら1分ほど煮て、塩で味をととのえる。

6　器に盛り、Bをかける。

オイル系定番パスタの魅力は何度食べても飽きないこと。

ペペロンチーノ・アーリオ・オーリオ

材料（2人分）

スパゲッティ ……… 160g
ゆでるときの塩 ……… 大さじ1

――

にんにく（みじん切り）……… 2かけ分
赤唐辛子 ……… 1本
A ［ 塩 ……… 小さじ1/6
　　こしょう ……… 少々
オリーブ油 ……… 大さじ3

作り方

1　赤唐辛子は半分にちぎり、種を除く。

2　フライパンにオリーブ油、にんにくを入れて弱
　めの中火にかけ、香りが立ったら赤唐辛子を加
　え、にんにくが薄く色づくまで炒めて火から下
　ろし、水大さじ1を加える。

3　鍋に湯1.5ℓを沸かして塩を加え、パスタを袋
　の表示時間より1分短くゆでてざるに上げる。

4　2のフライパンにゆで汁1/4カップを加えて強
　めの中火にかけ、パスタを加えてからめながら
　1分ほど炒め、Aで味をととのえる。

ペスト・アッラ・ジェノベーゼ

材料（2人分）

スパゲッティ ……… 180g
ゆでるときの塩 ……… 大さじ1

——

バジル（葉）……… 12g
A パルメザンチーズ ……… 20g
松の実（ロースト）……… 15g
にんにく（みじん切り）……… 1かけ分
オリーブ油 ……… 大さじ3
B 塩、こしょう ……… 各少々

作り方

1 バジルは粗く刻む。

2 フードプロセッサーにバジル、Aを入れてなめらかなペースト状にし、大きめのボウルに入れる。

3 鍋に湯1.5ℓを沸かして塩を加え、パスタを袋の表示時間どおりゆでてざるに上げる。

4 2にゆで汁大さじ2、パスタを加えてからめるようにあえ、Bで味をととのえる。

殻が開いたらすぐに取り出し、仕上げに戻します。

ボンゴレ・ビアンコ

材料（2人分）

スパゲッティ ……… 160g
ゆでるときの塩 ……… 大さじ1
——
あさり（砂抜きしたもの）……… 200g
にんにく（みじん切り）……… 1かけ分
赤唐辛子（輪切り）……… 1本分
A 「 水 ……… 1/4カップ
  └ 白ワイン ……… 大さじ2
B 「 塩、こしょう ……… 各少々
オリーブ油 ……… 大さじ3

作り方

1 あさりは殻をこすり合わせて洗い、水けをきる。

2 フライパンにオリーブ油、にんにくを入れて弱めの中火にかける。香りが立ったら、あさり、赤唐辛子を加えてさっと炒める。

3 2にAを加えて強めの中火にし、ふたをする。殻が開いたらあさりを取り出し、ラップをかけておく。

4 鍋に湯1.5ℓを沸かして塩を加え、パスタを袋の表示時間より1分短くゆでてざるに上げる。

5 3のフライパンにゆで汁1/4カップを加えて強めの中火にし、あさりを戻し入れる。パスタを加えてからめながら1分炒め、Bで味をととのえる。

PART 3

———

冷たいパスタ

Cold Pasta

トマトソースをひんやり冷やして召し上がれ!

パスタ・カプレーゼ

材料（2人分）

カッペリーニ ──── 160g
ゆでるときの塩 ──── 大さじ1

トマト ──── 2個（300g）
モッツァレラチーズ ──── 1個（100g）
ルッコラ ──── 30g
にんにく（みじん切り）──── 1/2かけ分
A ┌ オリーブ油 ──── 大さじ3
　│ 白ワインビネガー ──── 大さじ1
　│ 砂糖 ──── 小さじ1/2
　│ 塩 ──── 小さじ1/3
　└ こしょう ──── 少々

作り方

1　トマトは横半分に切って種を除き、ひと口大に切る。

2　大きめのボウルでAを混ぜ、トマト、にんにくを加えてよく混ぜ合わせ、冷蔵庫で冷やす。

3　チーズは水けをきって2cm角に切る。ルッコラは4cm幅に切る。

4　鍋に湯1.5ℓを沸かして塩を加え、パスタを袋の表示時間より1分長くゆでてざるに上げる。流水をかけた後、氷水に浸けて冷やし、水けをよくきる。

5　2に3、パスタを加えて混ぜ、器に盛る。

濃厚なガスパチョ風スープを極細パスタにからめて。

冷凍トマトのスープパスタ

材料（2人分）

カッペリーニ ……… 160g
ゆでるときの塩 ……… 大さじ1
——
冷凍トマト* ……… 大2個（400g）
パプリカ(赤) ……… 1/2個
セロリ ……… 大1/2本
玉ねぎ ……… 1/10個
にんにく（みじん切り） ……… 小さじ1/4
A　オリーブ油 ……… 大さじ1
　　白ワインビネガー ……… 小さじ2
　　塩 ……… 小さじ1/4
　　タバスコソース、こしょう ……… 各少々
B　カッテージチーズ ……… 40g
　　セロリの葉（粗みじん切り） ……… 適量
オリーブ油 ……… 大さじ1
*ヘタをくり抜いてラップで包み、ひと晩以上冷凍したもの。

作り方

1　冷凍トマトは流水をかけて皮をむく。包丁で切れるまでしばらく室温におき、ひと口大に切る。パプリカ、セロリ、玉ねぎもひと口大に切る。

2　ミキサーまたはフードプロセッサーに1、にんにく、Aを入れ、なめらかになるまで撹拌する（すぐに食べない場合は冷蔵庫で冷やしておく）。

3　鍋に湯1.5ℓを沸かして塩を加え、パスタを袋の表示時間より1分長くゆでてざるに上げる。流水をかけた後、氷水に浸けて冷やし、水けをよくきる。

4　器に2を注ぎ、パスタを盛り、Bを散らし、オリーブ油を回しかける。

ヤム・ウンセンみたいなおいしさをパスタで。

えびのエスニックサラダパスタ

材料（2人分）

カッペリーニ ━━━ 140g
ゆでるときの塩 ━━━ 大さじ1
━━━
えび（ブラックタイガー） ━━━ 6尾
A 「 酒 ━━━ 大さじ1
  └ 塩 ━━━ 少々
赤玉ねぎ（薄切り） ━━━ 1/2個分
きゅうり（細切り） ━━━ 1本分
にんじん（細切り） ━━━ 1/2本分
B 「 レモン汁 ━━━ 大さじ2
  │ ナンプラー ━━━ 大さじ2
  │ オリーブ油 ━━━ 大さじ1と1/2
  │ スイートチリソース ━━━ 大さじ1と1/2
  └ 塩、こしょう ━━━ 各少々
パクチー（ざく切り） ━━━ 適量

作り方

1 えびは尾1節を残して殻をむき、背に切り目を
入れて背ワタを取る。Aを加えた熱湯で色が変
わるまでゆでて火を通す。

2 大きめのボウルでBを混ぜ、赤玉ねぎ、きゅう
り、えびを加えて混ぜる。

3 鍋に湯1.5ℓを沸かして塩を加え、パスタを半
分に折って入れ、袋の表示時間より1分長くゆ
でる。ゆで上がり時間の30秒前になったらに
んじんを加え、一緒にゆでてざるに上げる。流
水をかけた後、氷水に浸けて冷やし、水けをよ
くきる。

4 2に3を加えて混ぜ、器に盛ってパクチーをの
せる。

ヘルシーでボリューミーだから、ブランチにいかが。

チキンとアボカドのパスタ

材料（2人分）

ショートパスタ（フジッリ）—— 160g
ゆでるときの塩 —— 大さじ1
オリーブ油 —— 小さじ2
——
サラダチキン（市販）—— 100g
アボカド —— 1個
レモン汁 —— 大さじ1
ミックスビーンズ（水煮）—— 100g
玉ねぎ（みじん切り）—— 1/4個分

A ┌ オリーブ油 —— 大さじ2
  │ タイム（ドライ）—— 小さじ1/3
  │ クミンパウダー —— 小さじ1/3
  │ 塩 —— 小さじ1/4
  └ こしょう —— 少々

作り方

1 鍋に湯1.5ℓを沸かして塩を加え、パスタを袋の表示時間より2分長くゆでてざるに上げる。流水をかけた後、氷水に浸けて冷やし、水けをよくきって、オリーブ油をまぶす。

2 サラダチキンは1.5〜2cm角に切る。アボカドは1.5〜2cm角に切り、レモン汁をまぶす。玉ねぎは5分ほど水にさらし、水けをよく絞る。

3 大きめのボウルでAを混ぜ、汁をきったミックスビーンズ、パスタ、2を加えて混ぜ合わせる。

グレープフルーツを加えて爽やかに軽やかに。

マスタード風味のサーモンパスタ

材料（2人分）

カッペリーニ ……… 160g
ゆでるときの塩 ……… 大さじ1
——
サーモン（刺身用・さく）……… 200g
塩 ……… 小さじ1/4
グレープフルーツ ……… 1個
玉ねぎ（薄切り）……… 1/4個分
グリーンアスパラガス ……… 4本
A ┌ オリーブ油 ……… 大さじ3
　│ 粒マスタード ……… 大さじ2
　│ 白ワインビネガー ……… 大さじ1と1/2
　│ 砂糖 ……… 小さじ1/2
　│ 塩 ……… 小さじ1/4
　└ こしょう ……… 少々

作り方

1　サーモンは5〜6mm厚さに切り、塩をふって冷蔵庫で10分ほどおき、キッチンペーパーで水けを押さえる。グレープフルーツは皮と薄皮をむき、果肉を半分に割る。玉ねぎは5分ほど水にさらし、キッチンペーパーで水けを取る。

2　アスパラガスは根元の硬い部分をピーラーでむき、斜めに5cm幅に切る。

3　大きめのボウルでAを混ぜ、1を加えて混ぜる。

4　鍋に湯1.5ℓを沸かして塩を加え、パスタを袋の表示時間より1分長くゆでる。ゆで上がり時間の30秒前になったら2を加え、一緒にゆでてざるに上げる。流水をかけた後、氷水に浸けて冷やし、水けをよくきり、3に加えて混ぜる。

よ〜くかき混ぜて混然一体となった味を楽しみます。

オクラと納豆のねばねばパスタ

材料（2人分）

フェデリーニ ……… 160g
ゆでるときの塩 ……… 大さじ1
――――
オクラ ……… 10本
小粒納豆（たれつき）……… 2パック（90g）
卵黄 ……… 2個分
柴漬け（粗みじん切り）……… 20g
A ┌ 塩昆布 ……… 20g
  │ オリーブ油 ……… 大さじ2
  └ こしょう ……… 少々

作り方

1 オクラは塩少々（分量外）を加えた熱湯でゆで、冷水に取る。キッチンペーパーで水けを取り、小口切りにする。納豆は添付のたれを加えて混ぜ、オクラと軽く混ぜ合わせる。

2 大きめのボウルでAを混ぜる。

3 鍋に湯 1.5ℓ を沸かして塩を加え、パスタを袋の表示時間より1分長くゆでてざるに上げる。流水をかけた後、氷水に浸けて冷やし、水けをよくきり、2 に加えて混ぜる。

4 器に 3 を盛り、1、卵黄をのせ、柴漬けを散らす。

具材豊富で食べ飽きないサラスパ。満足感が違います。

ゆで卵とかにかまのサラダパスタ

材料（2人分）

スパゲッティ ──── 120g
ゆでるときの塩 ──── 大さじ1
サラダ油 ──── 大さじ1/2
──────
ゆで卵（好みのゆで加減）──── 2個
きゅうり（細切り）──── 1本分
にんじん（細切り）──── 1/3本分
かにかまぼこ ──── 6本（80g）
フリルレタス ──── 20g
A ┌ マヨネーズ ──── 大さじ4
  │ 牛乳 ──── 小さじ2
  │ 酢 ──── 小さじ2
  │ 砂糖 ──── 小さじ1
  └ 塩、こしょう ──── 各少々

作り方

1 ゆで卵は殻をむき、粗く刻む。かにかまは細く
 裂く。

2 フリルレタスはひと口大にちぎる。

3 鍋に湯1.5ℓを沸かして塩を加え、パスタを半
 分に折って入れ、袋の表示時間より2分長くゆ
 でる。ゆで上がり時間の30秒前になったらに
 んじんを加え、一緒にゆでてざるに上げる。流
 水をかけた後、氷水に浸けて冷やし、水けをよ
 くきってサラダ油をまぶす。

4 大きめのボウルでAを混ぜ、1、3、きゅうり
 を加えて混ぜ、フリルレタスを敷いた器に盛る。

辛いたれでパスタをよくあえて魚肉ソーセージをon！

韓国風ピリ辛サラダパスタ

材料（2人分）

カッペリーニ ——— 160g
ゆでるときの塩 ——— 大さじ1
———
魚肉ソーセージ ——— 1本（70g）
きゅうり（細切り）——— 1本分
サニーレタス ——— 2枚
A ┌ ごま油 ——— 大さじ2
　├ コチュジャン ——— 大さじ2
　├ しょうゆ ——— 小さじ1/2
　└ こしょう ——— 少々
韓国のり ——— 1パック

作り方

1　魚肉ソーセージは斜め5mm幅に切り、さらに細切りにする。サニーレタスは食べやすい大きさにちぎる。

2　大きめのボウルでAを混ぜる。

3　鍋に湯1.5ℓを沸かして塩を加え、パスタを袋の表示時間より1分長くゆで、ざるに上げる。流水をかけた後、氷水に浸けて冷やし、水けをよくきる。

4　2にパスタ、きゅうりを加えて混ぜる。サニーレタスを敷いた器に盛り、のりをちぎって散らし、魚肉ソーセージをのせる。

ナカムラ チズコ

フードコーディネーター、料理研究家。栄養学を学んだ後、調理器具・食材・ワインなどの販売店や企画会社に勤務し、料理研究家のアシスタントを経て独立。現在は栄養士、ソムリエ、焼酎アドバイザー、唎酒師の資格もいかし、新聞、書籍、雑誌、webで活躍。作りやすさとおいしさにこだわったレシピには定評がある。

スタッフ

撮影	伊藤徹也
スタイリング	西﨑弥沙
アートディレクション・デザイン	米持洋介(case)
料理制作助手	水嶋千恵
校正	堀江圭子
編集	野澤幸代(MILLENNIUM)
企画・編集	川上裕子(成美堂出版編集部)

デイリーパスタ

著　者　ナカムラチズコ
発行者　深見公子
発行所　成美堂出版
　　　　〒162-8445　東京都新宿区新小川町1-7
　　　　電話(03)5206-8151　FAX(03)5206-8159
印　刷　大日本印刷株式会社